U0066517

勘誤表

	書名：《參詳：話語誕生的前線場域》	
原出處	原文	更正
P35,第 18 行	臺灣國族下有「閩南」、原住民、新住民	臺灣國族下有「福佬」、原住民、新住民
P50,第 13 行	平原地區較多「閩南人」	平原地區較多「福佬人」
P52,第 3 行	到底誰是外省？客家人？「閩南人」？	到底誰是外省？客家人？「福佬人」？
P53,第 3 行	原住民、客家、「閩南」，它們是一個族群團體	原住民、客家、「福佬」，它們是一個族群團體
P94,第 8 行	我選的是「福佬話」	我選的是「學老話」
P94,第 19 行	有點像華語的胡說八道、「閩南語」的黑白講	有點像華語的胡說八道、「臺語」的黑白講
P95,第 6 行	像「紅絳絳」是「福佬話」	像「紅絳絳」是「閩南語」
P131,第 6 行	當時有「福佬語」組	當時有「閩南語」組
P134,第 8 行	又不想把他送到「閩南語」班	又不想把他送到「臺語」班
P147,第 3、5 行	「閩南語」版的《小王子》	「臺語」版的《小王子》
P148,第 10 行	客人不通「閩南話」的也很少	客人不通「福佬話」的也很少
P160,第 10 行	且他的作品大多是「閩南語」語感	且他的作品大多是「臺語」語感
P166,第 5、6 行	鍾理和認為「閩南語」雖然是當時通行的語言，就算這些年輕人會說「閩南語」，會用「閩南語」寫作又是另一件事	鍾理和認為「臺語」雖然是當時通行的語言，就算這些年輕人會說「臺語」，會用「臺語」寫作又是另一件事
P173,第 11 行	她還有「閩南語」的創作	她還有「臺語」的創作
P175,第 22 行	講「閩南語」的人，可是我不會講「閩南語」	講「臺語」的人，可是我不會講「臺語」
P188,第 4 行	和外婆說客家話，腦中卻跑出「閩南語」	和外婆說客家話，腦中卻跑出「臺語」
P189,第 6 行	只要是「閩南語」對白，都是「閩南語」漢字	只要是「臺語」對白，都是「臺語」漢字

話語誕生的前線場域

參詳
cam'xiong'

回應當代社會挑戰的客家身影

奧地利詩人 Peter Altenberg 有句名言：「如果我不在家，就是在咖啡館；如果我不是在咖啡館，就是在往咖啡館的路上。」話中所指的是座落於維也納的 Café Central（中央咖啡館），許多名人都曾是此處的座上賓或常客，如仍在畫家夢壯志未酬階段的希特勒、心理學家佛洛伊德、列夫·托洛茨基等，文人雅士雲集不同的思想，透過於咖啡廳的互動及交談中，互相成為成長的養分，最終形成文化並產生正向循環。臺灣日治時期的波麗路西餐廳與 1960 年代的明星咖啡館也都是文化人士聚集之處。

哈林文藝復興（Harlem Renaissance）是發生於 1920 年代美國哈林區的一場文化運動，它打破了當時的種族隔離與奴隸

楊長鎮

苗栗縣獅潭鄉客家人，推動族群主流化，支持各族群文化的傳承與發展，參與還我母語運動及原住民運動，創立臺灣圖博之友會，為西藏人權發聲。出版著作有《認識臺灣眷村：1949－2006》、《從反抗到重建：國族重構下的台灣族群運動》等。

制度，延伸為黑人人權運動，背後以非裔美國人的族群自覺為基礎，藝術家、思想家、學術研究者在此形成非裔美國人的菁英社群，許多屬於現代、知識階層的文化也於此誕生。

2001 年 6 月，客家委員會成立。猶記當年成立客家電視時，有人說客家領域無相關專才，可是我們並沒因此打退堂鼓，我們不斷推動「客家文藝復興」，辦理相關藝文活動，周而復始、經年累月地累積出一定的成績，成立電視及廣播頻道，提供發表與表演的平臺，過程中也培養了不少關心客家文化事務的人才。

如今客家委員會發展到了一個階段，我不斷思忖，如何將不同領域的工作者匯集在一起？能否提供客家人一個文化、藝術、學術、思想交流的場所，藉以共同成長及創作？ 交談本身帶有個人思維，不僅是表達想法，也能引領我們找出思考的方向。

此外，客家人正在面對語言流逝的問題。語言是溝通工具也是一套程式，它影響著我們思考的方式、價值觀、觀看世界與彼此思想的角度。只有在語言上不斷地鍛鍊、錘鍊，才能提升語言的廣度及深度，作為客家人，談論客家文藝復興時，是否更應使用客語。

有本書叫《一本食譜救語言》（*Kuharske bukve*），一位來自斯洛維尼亞的神父對語言復興有強烈的使命感，做了許多相關的工作卻鮮為人知，後來因為他將德國的食譜翻譯成斯洛維尼亞語，被教會的廚師們拿來使用，眾人才因此意識到母語能用以表達所有的想法。客語也一樣，我們使用語言在互動時創造可能性，也藉此得到更大的彈性、自由與空間。

這就是我們策劃推動「參詳・當代客家文藝沙龍」計畫的初衷。希望能創造機會，在臺灣一個小小的角落，有一群關心客家文化的人聚在一塊，不停地商量、討論，提出意見，也尋求共識，漸漸形成一個客家文藝復興的社群，進而藉由大家的力量將客家擴大，讓我們對自身文化有新的視野及想像。

最後，感謝封德屏社長及文訊雜誌社團隊的努力，讓這個計畫得以順利推動，感謝鍾永豐先生擔任總策展人，為「參詳・當代客家文藝沙龍」設計了10個不同的主題，組成了210位學者、專家、職人的強大隊伍，在音樂、戲劇、歷史、影劇、文學、美學、飲食、語言、客庄創生等面向，相互交流，一同完成整整一年共42場沙龍、6場走讀。整理成30幾萬文字、500餘張圖片的豐碩成果。希望正如這3本書的書名——《參詳》、《返生》、《湊陣》，看到30年來客家族群回應當代臺灣社會的奮鬥身影，同時也做好了準備，迎向未來的各種挑戰。

客家委員會主任委員　楊長鎮

開啟當代觀點，進行深刻思辯

鍾永豐

「參詳‧當代客家文藝沙龍」總策展人。出生於美濃菸草家族的詩人、詞人、音樂專輯製作人及文化行政工作者，現任國立臺北藝術大學主任秘書。90年代參與美濃反水庫運動，並與音樂人林生祥合作，以農民、工人、婦女及環境為題創作音樂。曾任高雄縣水利局長、嘉義縣文化局長、臺北市客委會主委及文化局長等公職。曾獲金曲獎最佳製作人、作詞人等獎。

客家委員會（以下簡稱客委會）的成立與運作，緊密聯繫於1988年底的還我母語運動。還我母語運動訴求政府解除廣電法對地方語言的排斥，賦予客語平等地位，使其能進入民主時代的公共傳播與語文教育。其時，臺灣正要迎入全球化時代，客家的文化棲地面臨更嚴峻的流失危機。首先是國內菸酒及農產品市場的逐步開放，衝擊種植菸草與葡萄等經濟作物的客家鄉鎮，快速瓦解農業家族社會。接著全島路網、有線電視、連鎖商業與網際網路的普及，嚴重侵蝕客語的日常功能。有識之士正要挽回客家在現代化過程中的壓抑與失落，更全面的後現代性挑戰紛至沓來。

2001年客委會成立後仍得按部就班地立法建制，使客家工作獲得更完整的法規支撐、更穩固的預算支持與更周延的行政協助。於是我們有了講客語的電視臺與電

臺，公共運具上的客語播放讓國人至少熟悉四縣腔，學生可以更有系統地修習客語、研究客家，社團組織者與文藝創作者得以更有計畫地推動從傳統祭儀、文化保存、社造、文創，乃至當代藝術的各類客家工作；這是20年來客委會與客家各界的重大成就。

若抬高眼界，我們將發現客家人對生存危機的回應，或對於自身價值的審視，常常處於當代社會的前線。以農耕為基底的客家文化面對快速開放多元的當代社會，艱辛難免，但在重視知識、教養與開創性的傳統中，培育出的客家工作者不會只是被動地自我調適，他們提出的問題意識與方法論，往往具有超越性。且不論近、現代革命風潮中的客家身影，1980年代以來，客家人廣泛參與了臺灣的政治、社會與文化運動，餘波漫溢，漸而影響了他們在流行音樂、藝術、戲劇、建築、歷史與人文研究、語言研究與教育等方面的實踐趨向。「參詳·當代客家文藝沙龍」之策劃，即試圖比肩客家文化的前線工作者，邀請他們回顧歷程、分析視野，分享心得。

我們沒有採取專題演講或主題研討的方式。同是客家運動參與者的主委楊長鎮不減浪漫，鼓勵我們創造隨興的氛圍，盡可能擺脫觀眾人數與宣傳效應的負擔。每一場安排，他說，都應該像是老友多年後的重聚歡敘。我因而憶起少年時期在祠堂見識的「參詳」場面：地方長老或各房代表圍坐供桌，在輕鬆的氣氛中喝著茶，就地方或宗族事務，有禮有序地交換意見、尋求共識。如此「參詳」，我們希望能前瞻性地展現這30年來，客家藝文工作者與組織工作者，回應當代臺灣社會的實踐與思維，同時也藉此創造多方的連結。

以下謹就每一個論壇及其召集人的擇定，簡要說明。

一、〈音樂〉——葉雲平：以前我們談論客家流行音樂，常常著重於山歌傳統與客家

文學的繼承與再創作，或這些創作如何反映客家人的情感、記憶與生活經驗，較少從流行音樂產業與市場的角度觀看客家音樂；後者其實正是目前非常多年輕輩的客家音樂工作者努力嘗試的方向。按語種分類的文化部臺灣原創流行音樂大獎(前身為行政院新聞局的母語原創音樂大獎) 是觀察客家流行音樂新秀與趨勢的重要窗口。多次參與金曲獎初、決審的樂評人葉雲平，不僅是客語類評審常客，更可貴的是，他長期追蹤歷屆得獎者的後續發展，對於客家流行音樂的類型發展與市場潛力，有近20年的觀察。

二、〈戲劇〉——鍾喬：早在1940年代，懷抱理想主義熱火的客籍青年參與了當時新興的戲劇運動。受80、90年代的工運風潮啟發，投入劇場工作的鍾喬，一方面爬梳白色恐怖檔案中的客籍文藝青年，呼應亞洲民眾劇場運動，同時關注臺北的實驗劇場運動。進入21世紀，劇場更是蓬勃，不管是劇場中的客籍工作者或是帶有客家意識的劇場創作，數量上均讓人難以忽視，客委會也投入了政策性資源，創製了幾齣精良的音樂舞臺劇。因而，通過鍾喬之召集劇場工作者與戲曲研究者，有助於回溯當代客家劇場的發展脈絡，並探討它的各種可能。

三、〈歷史〉——張維安：人類學家徐正光帶領中研院民族所及清大社人所期間，使不少年輕學者對客家研究產生興趣，張維安是最早、最優秀的一位。因有紮實的學術涵養，張老師理解客家論述中常見的中原正統論或客家中心主義，如何侷限了歷史研究的視野，同時難與其他觀點的族群研究，形成對話。張老師邀請的與談人包括了幾位非客籍但長期研究客家歷史的學者如李文良、林正慧，具有後殖民觀點的客籍學者羅烈師，以及對客家人的歷史貢獻高度肯定與期待的福佬客籍臺灣史學者戴寶村。他們梳理史料，追溯客家人在近代史中認同形成的動力來源，反省與其他族群的互動過程，我們得以坦誠檢視閩客與原客關係。

四、〈語言〉——洪馨蘭：語言傳承與教育是客家工作的重中之重，但也最容易在集體焦慮中不自覺地依賴制式的教育方法。沉浸式教學——打造全客家的語言環境，使身處其中的學子純粹以客語認識、思考、表達，真可成為終極方案嗎？實驗教育方興未艾，客家有借鏡之處嗎？人類學家洪馨蘭關注客語教育的各種現場，邀請在社區及學校等從事語言傳承工作的朋友，分享他們在受制於各種主流觀念與社會趨勢的客家聚落中，如何冷靜、務實地回到人本，與多元價值對話，琢磨出更有續航力的方法。

五、〈影劇〉——湯昇榮：沒有人比電視劇《茶金》的製作人湯昇榮更適宜召集相關專業者，幫助我們回顧客家影劇之路。這部講海陸腔客語的12集電視劇被譽為近年最成功的臺劇，不僅製作精良、考究細緻、演繹深刻，且其劇情及美術風格緊密呼應臺灣史。湯昇榮離開客家電視後投身製作公司，挑戰各種類型片，成績亮麗，然後更有準備地回來製作客家影劇。他深知光是客家不足以造就客家。對待客家，必須動用更嚴謹的專業標準；觀看客家，必須站在臺灣史甚至世界史的高度。

六、〈美學〉——張典婉：張典婉是客家美學的首席報導者。張典婉的美學目光源於簡約的客家生活風格，其如何在適應、回應當代的過程中，展現自身。張典婉為客家女性在各種美學場域的內斂身手打燈，讓她們的風采吹進當代生活。她推動客家後生寫作，讓文學為客家遊子鋪陳回鄉的路。而她所策劃的建築專業者論述，不僅從客家聚落、宗族、生產生活與地理風水的角度，更談當代建築師，如何從中提煉具有客家意義的倫理與美學。

七、〈飲食〉——古碧玲：由客家女性創立的「上下游 News&Market」專注於農業、食物、環境等公共議題，是臺灣最具公信力的媒體之一。由自稱是半個客家人的古

碧玲所主編的《上下游副刊》聚集了以食物、植物及環境為寫作題材的各路好手，
更是臺灣重要的作家孵化器。只要上網瀏覽「上下游」那些充滿現場感與時代感的
豐富內容，令人對古碧玲召集的客家食物論壇充滿期待：客家飲食在臺灣當代飲食
文化中可以有什麼樣的位置？客家料理如何能自信地代表臺菜？我們又該如何出
發？

八、〈文學〉——朱宥勳：2000年政黨輪替，在政策支持下，臺灣的國立大學系統
普遍成立臺灣文學系或研究所，試圖從臺灣島上各族群的歷史經驗與平等多元的價
值觀出發，重新認識、論述臺灣的文學。多達15個大學成立的臺文系所質量兼具地
改變了臺灣的文學創作與研究；畢業於國立清大臺文所的朱宥勳是其中的代表性新
秀。以他的非客家出身，召集各種文學工作者，來談論重要客籍作家及作品，後生
我等或可從更廣的臺灣近、現代文學的評論角度，另眼看待前輩的文學貢獻。

九、十、〈客庄創生〉——邱靜慧・邱星崴：地方創生是社區營造的延伸，但在客
家地區，不管是在高雄縣市合併後的六堆，或是在科學園區不斷擴張加上桃園升格
的桃竹苗，都面臨前所未有的危機與可能。靜慧及星崴均為優秀的青壯輩地方工作
者，經驗豐富，善於情勢分析與組織串聯。由他們來召集南北論壇，我們更能理解
新的危機如何衝擊客家地區？若我們拒絕焦愁纏身，又需要什麼樣的轉念？

通過十位召集人、42場論壇、33位第一線工作者長達十個多月，前所未有的廣泛
「參詳」，我們不僅努力呈現客家工作的重要面向，更重要的是開展當代觀點，進而
深刻思辯。經過謄稿、精鍊與加注，現在這些論壇集結為三大冊。能為有志於客家
的組織者、創作者、研究者與行政工作者提供多方的參考與指南，正是客委會與我
們的希冀。

——策展人

參詳：話語誕生的前線場域

客家歷史研究

受台灣文學發展基金會、文訊雜誌社邀請規劃「客家歷史研究」之初，擬定了三個接續也重疊的議題，1.臺灣客家人誕生的歷史：目的在於解答臺灣客家人何時開始有客家意識，有客家認同？從清朝統治、日本時代一直到光復的歷史過程中，來說明臺灣客家人擁有今日客家人的名稱和客家人認同意識的過程。這個問題的解答需要往前挑戰客家從中原南遷的見解，林正慧教授會提出客家人的概念是誕生在客家邊區，然後回流到客家中心區是為關鍵，從這裡進入臺灣客家人的概念是始於光復以後的論述；2.臺灣客家人的歷史地位：主要是分析客家族群在臺灣的努力與確立自己的身分的過程，重置客家人在臺灣的歷史定位。客家拓墾對於臺灣產業經濟的貢獻，護衛鄉土、抗日保臺、推動社會運動共同建構臺灣民主多元社會，說明客家作為臺灣社會的主人，與其他族群共同奮鬥，對臺灣民主法治、多元社會文化有很大的貢獻；3.臺灣客家與周邊族群的歷史：重點在於說明客家族群在臺灣拓墾以來，一直到當前多元理性社會的建構過程中的客原、客閩，客家與外省、新住民的關係之歷史故事與當代生活。客家並非一個封閉自主的族群，更多的是與其他族群來往、互動，這些都是建構當前客家特質的歷史；4.「大學客家社團的歷史與現況」是後來加上的，大學客家社團從曾經蓬勃在各大學創立，到今天東海大學、政治大學、師範大學、交通大學、中央大學、清華大學、聯合大學都沒有客家社團的活動，可說是大學客家社團的歷史結局。僅存的臺灣大學和成功大學可說是難能可貴。

召集人　張維安

臺灣客家人的誕生

時　　間：2021 年 10 月 16 日（六）14:00 至 16:00
地　　點：左轉有書（臺北市中正區鎮江街 3-1 號）
召 集 人：
　　　　張 維 安／國立陽明交通大學人文與社會科學研究中心研究員
與 談 人：
　　　　林 正 慧／中央研究院臺灣史研究所助研究員
　　　　許 維 德／國立陽明交通大學人文社會學系副教授
　　　　戴 寶 村／吳三連台灣史料基金會祕書長
記錄整理：江 怡 瑄
攝　　影：汪 正 翔

張維安：今天很高興邀請到幾位老師，分享客家相關的議題、知識。首先是林正慧老師，林老師是在中央研究院的臺灣歷史研究所，研究客家相當專業。第二位是許維德老師，陽明交通大學客家學院的老師。雖然我在這個領域行之有年，但關於客家的理論以及許多的觀念，都還是要請教他。第三位是戴寶村老師，他是政治大學的榮譽教授，可以分享他在客家領域上的研究成果。另一位列席的貴賓是張典婉老師，一定能為我們帶來許多的建議與資訊補充。現在就開始來談「客家」，這一場要談的是「歷史」，從當代又談回到過去的事情了！有很多概念適合重新談過。

一開始先給兩個問題思考：第一個，海內外的客家人都面臨到，客家人被稱作是中原漢人的後代。中國北部原有一個客家庄，後來因為戰亂的關係，攜家帶眷跑到廣東、福建，又從福建跑到四川、臺灣

|
張
維
安
|

東海大學社會學博士，現任國立陽明交通大學人文與社會科學研究中心研究員。學術專長為社會學理論、經濟社會學、資訊社會學及客家研究。出版著作包括《思索臺灣客家研究》、《網路與社會》、《文化與經濟：韋伯社會學研究》、《政治與經濟：兩個中國近世組織之分析》、《經濟與社會：兩岸三地社會文化的分析》及客家研究論文多篇。

以及海外，我們有這樣的印象。但是這是有問題的，待會兒由正慧老師說明。第二個，客家是「他稱」到「自稱」，一開始聽到這樣的想法時，客家就是從北方到南方作客，所以南方人稱北方遷徙來的人為「客家」，其實不對。上述兩個問題，正慧老師做了很多研究，讓老師來為大家解答。

「他者」，客家族群認同的開端

林正慧：剛剛那兩個問題，是我幾年前的研究。現在想來就是「解構客家」的過程。與大家認知的客家歷史不太一樣。分兩個階段：第一個階段是文化的共性以及形成的過程。從宋元開始，閩、粵、贛開始有客家族群和語言的出現。有共同的生產方式，於是慢慢地形成同一個類屬。接下來是「他稱」到「自稱」，也就是從別人到自身說「客家」的過程。回望客家歷史，主軸就以往羅香林的說法，從五胡亂華開始就有了。清代以前的文獻，沒有人自稱是「客家」，即客家形成

林正慧

國立政治大學歷史學系畢，國立臺灣大學歷史學系碩、博士，現任中央研究院臺灣史研究所助研究員。曾任職於國史館修纂處。研究領域為臺灣客家形塑、六堆客家、戰後臺灣的二二八事件、白色恐怖、情治機關等。

的歷史並不久遠。明清時期，閩、粵、贛邊區人口飽和，大量客方言人遷向粵東沿海或珠江三角洲一帶。這些人群外移後，成為佃農，加上人數增長、口音殊異，逐漸與「本地人」關係緊張，進而發生「土客衝突」。在廣府人書寫的地方志中，客方

言人被嚴厲指稱為「非漢」種族。但在文獻上可以發現，明末清初的方志上有許多記載，廣府人稱他們是「客」。

處理土客衝突時，分成三個部分：嘉慶年代徐旭曾寫到第一個客方言的分布札記；第二是太平天國；第三是咸豐同治時期的大械鬥。徐旭曾以自己任教的惠州府為中心畫一個圈，標示出使用客方言的地域。往後看會發現圈在移動，跟紀錄者的立足點有很大的關係。再來是咸豐同治年間的「土客大械鬥」，雙方械鬥十餘年，死傷百餘萬，一場帶著地緣性質的方言群械鬥。另一個背景也相當重要，19世紀傳教士來到華南，來到講客家話的地方傳教。這些巴色會的傳教士們記錄了相當多關於客方言接近北京官話的講法。大埔人林達全也寫了相關的記載。所以說19世紀中葉以後，中西都在幫助客家祖溯中原。通常說「客」是他稱，但在19世紀太平天國時，已經有人記錄下來，自稱是「客家」。特別要說的是「Hakka」這個詞彙，這是廣東話「他者」的發音，所以被西方人用西文記錄了下來。從19世紀中葉才開始，並非很久以前就有。將閩、粵、贛地區稱作是中心客區，中心客區的人當時是還沒有「客家」這樣的意識。

明清時期沒有自稱客家或是客語文化的記載，但到光緒24年的《嘉應州志》，中心客區開始設法從宋元文獻中找出「客」的可能。這就是剛剛說到邊緣客域開始回流到中心客區。在這之後開始溯源，和宋元文獻中的「客戶增盛說」，扯上關係。但在這之前從來不說自己是「客家」。《嘉應州志》開始將徐旭曾所錄的中心點向北移動。客家意識回流到中心客區以後，由中心客區發散的離散者，開始有了認同的媒介。清末民初的客家人積極參與行動，逐漸累積勢力的同時，面對多次的「非漢」污衊，讓客家意識的認同得以抬頭，也讓海內外客屬族群有了以方言認同的媒介。

羅香林於 1933 年出版《客家研究導論》，進行客家論述的學術包裝，最後建構一個客家人自中原五次遷徙後，最後於宋代在閩、粵、贛形成獨立民系的學說，成為海內外客屬相互認同的主要標誌。

張維安：所謂的「客家」族群，從閩、粵、贛地區遷移到廣府，與廣東人進行土客械鬥之後，族群意識才慢慢形成。也就是說「客家」這個說法並不是自古以來就有的。「客戶」、「客籍」、「客人」，都不是客家人的自稱。在多次的械鬥之後，有兩種人扮演相當重要的角色：一種是林達全、徐旭曾這類的漢族群知識分子，另一組重要的人就是傳教士，共同塑造了客家人的歷史。「客家」意識被形塑出來以後，比如嘉應州的人就會說：「是啊！我們本來就是客家。」，客家這個族群才會往回溯源到宋元時期，其實臺灣也是一樣的，你看義民廟那些神位，上面寫的是「粵東」，也不是一開始就自稱客家。所以說 19 世紀以前，那個時代的客家族群尚未形成。是不是這樣呢？我們請戴寶村老師來為我們解謎。

血緣的牽絆，重新認識客家與自己

戴寶村：我對客家沒有太多研究，不過我以兩個面向來談：首先，身為臺灣史的研究者，討論在臺灣史中，客家從何時開始受到注意。再把這個問題放入時間軸中，回應大主題「臺灣客家人如何誕生」。再來談「血緣」，客家族群的區分有一個重要因素就是血緣或淵源。以此去探詢客家，或許人們找到自己的身世，也能向內取得對客家的認同。這兩個面向，就像是巨觀與微觀地來探討客家人的存在議題。臺灣史早期的研究主要是「漢人開發史」，以漢人中心，就會觸及漢人與平埔族的關係，也涉及施琅來臺時，是不是有限制客家人渡海來到臺灣？就衍生出是不是福佬人先來占到好地，客家人晚到則受到擠壓的問題。第二個研究面向是族群構成與分布，

也就是漢人來了，福佬人、客家人分布在哪？以及人口數量如何？連結到漢人移民社會的形成，在地緣組織上常常就會用到祖籍的概念。另一方面就配合血緣的研究，來建構臺灣漢人的移民社會。早期常用族群區域做文化判別，比如客家就連到三山國王，但這是不對的。

再來是清領時期，發生過許多民變，各族群為自我保護就會產生械鬥。而客家是較弱的一方，通常就會與帝國合作，後來就會衍生許多義民或閩粵對抗的問題。但也不光只是衝突，當涉及到稻作時，也會進行水源的合作。尤其19世紀之

戴寶村

國立臺灣師範大學歷史學系博士，現為吳三連台灣史料基金會祕書長，亦為文化部、桃園市、新北市、臺北市、基隆市等文化資產審議委員會委員。曾任國立政治大學臺灣史研究所教授。學術領域為臺灣史、臺灣文化史、臺灣海洋史、文化資產、客家族群文化等。著有《海洋台灣歷史論集》、《漢人社會的形成》（溫振華合著）等。

後，靠山地區的產業往往需要閩粵合作才能完成。接著是關於客家遷移與家族的研究，最後一類是關於客家信仰的研究，在臺灣比較特別，福佬人不會特別為三官大帝蓋一個專屬的廟，但客家人就會。較晚近的研究包括客家為何都居住在泉州、漳州等地，研究者提出所謂的「原鄉生活方式」，從歷史時間上溯，空間部分就會談到客家原鄉的問題。因為漢人移民到臺灣後，臺灣才產生了福佬、客家的現象。清帝國採取的是籍貫概念，基本上都會稱作粵、廣，有時也會用「客仔」來形容在臺灣的這群人，在官方看來，這群人相當強悍，會在地方上搗亂。

日本人則注意到族群間的差異，不再是廣泛地稱粵、廣，會用客家或「喀家」來稱呼。到了國民政府時期，強調的是中華民族的建構，拒絕談民族的問題，也限制了方言，基本上不觸及客家這個問題。隨著時代的開放與自由，弱勢族群開始勇敢地表述自我，包括近年常提到的「還我母語」等運動，客家就真正浮現了。

談完大主題，再來談談個人。我是三芝人，三芝是永定客家人分布最多的地方，但是很零散。1950年代出生，當時是強迫講國語的環境，沒有機會接觸到客家。待到我接觸臺灣史的研究，如同我剛剛說的，自然而然從漢人的祖籍與姓氏去看漢人的開發。我拿到博士後，鄉長請我來寫三芝鄉志，我才對三芝形成較有系統的了解。也發現到某些姓氏非常多，原來那些是客家的姓氏。信仰部分也有一些特別的發現，包括定光古佛、水口民主公王，原來這是一種少見的原鄉信仰。後來漸漸觀察到我家似乎有些客家的元素，比如客家菜包之類的，因緣際會下我去做了DNA的檢驗，檢驗的結果是，我的父系有東南亞血緣，也證實了我的母親是永定客家人的後代。從此我家也不再說「他們客家人」，減少了「他稱」。以上是我從外緣與自身去探索客家，學術和政治環境都間接導致了客家的誕生。

張維安：戴老師當客家人許久了，但他最後才發現自己是客家人，這是很常見的。許多漢人移民到臺灣的當時，並不曉得自己是客家人，客家族群是慢慢出現的。這個部分許維德老師做了相當多的研究，我們請他來談談國族與分類、自稱的幾個問題。

新思路，民族形成的關鍵因素

許維德：兩位老師從歷史學來談，我是社會學者，今天會從概念來談，不太從經驗材料出發。張老師一直試圖說服我們，族群其實不是天生的，是環境脈絡給予我們

的。這次的問題是：臺灣客家如何
生成？社會學家喜歡具備普遍意涵
的理論，我的思考是從族群研究開
始，探討族群如何形成的這個歷
程。像是「becoming」這個詞，指
稱在社會文化脈絡中「變成」的民
族群題。

所以回到「客家」如何「變成客家
族群」的問題，區別成幾個基本的
思考：第一大類處理的是「族群是
什麼？」。族群在定義上是有特定
文化的，不過他有一些潛在的社會
分歧，某些變成族群，某些變成國
族，這就牽涉到國家了。方才戴老

許維德

美國雪城大學（Syracuse University）社會學系哲學博士，現任國立陽明交通大學人文社會學系副教授、跨校學術網絡「海外臺灣移民研究群」召集人。曾任美國加州大學柏克萊分校族群研究學系（Dept. of Ethnic Studies, University of California, Berkeley）訪問學者、《全球客家研究》主編。研究領域包括認同研究、族群關係、國族主義與社會運動等。

師和大家分享自己的血緣，但光是血緣並不足以構成一個族群或國族，必須要有經濟、文化、政治的脈絡等客觀條件，才能變成別人對一個族群或國族的主觀認識。對我來說，族群最重要的是「祖先屬性」這種人群分類方式，我們要問的其實就是人群分類如何從「非祖先屬性」到「祖先屬性」？

我們接著看到 Hroch 的國族運動發展的「三階段論」，他在問的是：「國族如何形成？」，但中研院社會所的蕭阿勤認為，這其實和臺灣的族群形成階段不太相同。然後是 Kupchan 的「族群形成三階段論」，他談到第一階段是族群開始宣稱他們的特殊性，然後才是族群內部要求自治，最後是更清楚的群體分離。最後是 Smith 談到族

群一開始有一個中央化的階層機構，接著開始族群的再復興，然後有政府給予的回應。但這些階段模型無法幫我們回答最關鍵的結構性動力為何？最有名的是 Anderson《想像的共同體》，對他來說，當代國族的興起的重要原因之一，就是印刷術的發明，相對應資本主義的配合，所以有所謂的「印刷資本主義」的這個說法。Anderson 的觀點中，一個語言如果沒有機會成為印刷語言，口語無法固定化，可能就無法形成族群。我想在歷史學者之外，我從概念出發，我們如何為臺灣客家形成的思考開闢另一路徑。

張維安：許維德老師從族群的特徵、文化談起，也就是說族群要有自己的特殊性。這牽涉到族群的認同，臺灣客與中國客其實是不太一樣的，大家都說臺灣的客家是最近才誕生的，接下來請三位老師來談談為什麼說「臺灣的客家是最近才誕生」這樣的問題。首先請正慧老師。

循著軌跡，改正錯誤認知

林正慧：客家的概念是從中心到邊緣，再回到中心客區，這是有軌跡的。清代和日治相當不同，清代文獻都說是閩粵移民，但閩粵二省內都同時存在客方言與閩南方言，清代臺灣文獻中所謂的「客仔」指的是粵籍的人，因為就清初的臺灣隸屬福建省轄而言，粵省來臺的移民是「隔省流寓」，所以多被稱為「客」。就閩粵二省來看，省界與方言界線是交錯的，日本政府其實弄錯，因此導致了後續的一些問題。19 世紀中葉後不少西方人來臺，留下不少「Hakka」的指稱，我們就會以為客家是流傳已久的說法，當時西方人將對華南 Hakka 的認知直接套用於臺灣說客話的一群人。在臺灣講客方言的人被福佬人稱作是「客人」，「Hakka」是清代廣府人的他稱，所以在臺灣說客話的人群不可能自稱客家。日本殖民政府受到西方影響，認為有一

群說客話的「哈喀」或「喀家」，他們忽略了語言界限的交錯點，把廣東、福建直接二分，講客話的都被分類為廣東人，省籍跟方言的認知混淆，這樣就造成混亂與許多的問題。戰後臺灣的本省客方言人群，不僅經歷了從日本人變成中國人的國籍轉換，也經歷了從「廣東人」變成「客家人」的調適過程。1970-1980年代，直接將「中原客家」的論述嫁接於臺灣客家的歷史之上，從而基本上完成將臺灣客家鑲嵌於中華民族之內的民族學工程。

張維安：接下來請戴老師繼續講細節部分。

從排斥到接受，都會中的客家

戴寶村：我和溫振華老師合著的《大臺北都會圈客家史》確實是回到民主文化的脈絡下，希望族群的特性顯露出來，回應到現實的政治，民主政治就是要爭取最多數人的支持。接下去就要談談，在這個條件之下，就會有不同區域的客家族群出現。這本書的淵源是，競選者提出要建立客家機構，為了讓客家顯露出來，也需要寫一本都會的客家史。這本書在臺北客家的研究上還是重要的，由於這個元素，我對客家的關懷也加深了。1970年代也注意到彰化、雲林地區的福佬客，這個議題也逐漸出現，後來擴及到花東客的研究。現在也非常注重臺北都會區的客家，研究深化的結果漸漸注意到原來的客家人慢慢地福佬化、都會化的結果。客家確實是少數的人群，面臨到大群體的福佬以及政治的體制，它就會是隱性的。隨著我們對客家的了解，可能會再一次地認識到自己是客家。或者隱性的客家從排斥到接受的狀態。

張維安：我們接著請許維德老師繼續談下去。

張維安,《思索臺灣客家研究》,2016年,臺北:遠流。

林正慧,《臺灣客家的形塑歷程:清代至戰後的追索》,2015年,臺北:國立臺灣大學出版中心。

戴寶村,《海洋台灣歷史論集》,2018年,臺北:吳三連台灣史料基金會。

許維德主編,《全球客家研究》,2022年,第18期,新竹:國立陽明交通大學客家文化學院。(照片來源/全球客家研究網站:http://ghk.nctu.edu.tw/)

國家政策影響下，客家族群的形成

許維德：剛剛談的都是概念，現在要從《客家族群與國家政策：清領至民國九〇年代》這本書談起，要說說國家跟族群形成的關係，或說國家政策在族群形成過程中所扮演的角色。這邊主要在談人群分類，其實在歷史時間之中，人群分類的性質是不太一樣的，所以用來稱呼今日所謂客家的這群人的標籤也會不同。比如「客戶」、「客仔」，這中間有連續性也有斷裂。我引用的主要是二手研究，我的貢獻就是把它更概念、體系化。

也就是說，在不同的時間，在人群分類的範疇、相關的制度化機制不盡相同的情況下，他們之間的關聯性為何？我把臺灣戰後客家「族群」形成的過程，分為三階段論（1945-1970、1971-1987、1988-）與四軸線動力論，第一階段的重要事件為「臺北市中原客家聯誼會成立」，當時客家的性質是一種「語言群體」，也是威權體制的確立；第二階段，兩次「世界客屬懇親大會」分別於香港、臺灣舉行，這是作為「文化群體的客家」，同時法統遭受到挑戰（黨國體制的兩次合法性危機）；第三階段是「還我母語運動」，則是作為「族群」。在後解嚴的「民主政治」下，客家漸漸顯露出來。我用軸線模型來理解三階段論，第一階段最重要的就是，此前我們並不知道我們是客家，在戰後，標籤開始輸入，我們才了解到自己是客家的這個稱謂；第二階段相對自然的語言群體被賦予了文化意涵；到了階段三，在多元文化政策下，客家形成了一個「族群」。

張維安：我來做一點三位老師的摘要，從正慧老師開始，閩、粵、贛從中心遷移到邊緣，被稱為「客家」，傳教士以廣府人的客家稱他們為「Hakka」，傳到嘉應州那邊，他們才知道原來自己是客家。這些人有部分遷移到臺灣，當時他們不知道自己

是客家，福佬人稱他們為「客仔」。這個現象和廣府人的稱謂方式是很類似的。後來從清領到日治，臺灣的客家人是在戰後才學到自己是客家。1945年後，組織、政治的脈絡下，從原鄉搬移到臺灣的人，慢慢接上「我是客家人」的想法，所以我一開始說臺灣的客家人是近年才誕生的原因。誇張地說，如果沒有客家研究，不會有「客家人」的存在，當然政治的影響也很大，臺灣是一個民主國家，所以客家可以立足於此。

基因與認同

鍾永豐：我有一個分享跟一個問題。從前遇到關西的客家人，他講海陸我講四縣，我們溝通不良，為什麼說我們都是客家人？所以說在臺灣的客家人如何相互看待、理解，今天聽完後，對我來說是一個很大的進步。接著的問題是，現在有各種客家運動的出現，我隱約覺得中原客家的論述開始鬆動了，那麼在這些遷移的過程中，客家族群如何與周遭的其他族群互動？尤其是大陸畬族，這20年來，有沒有人去研究大陸客家與畬族的族群互動關係？我想請教三位老師。

林正慧：就我有限的理解，北部的客家遷移下來，與當地的畬族是有互動的，在我的研究脈絡上，我覺得這樣的論述是合理的。不論是福佬或客家，他們從北方下來，到不同的地方，和不同的原住民互動，可能剛好就在閩、粵、贛地區形成說客話的一群人。

許維德：這是客家源流研究上的一個問題，好像有點難解，在過去五、六年間，交大抽驗了300位講不同客家次方言的客家人，我們的發問是，在生物上，這些人到底有沒有差別？結論是，在生物上無法發現這樣的區別。第二階段再和福佬人做比

較，這個部分做了很久，要形成一點成果有點艱難。但在概念上，純種本來就是一個迷思，客家在概念上就是有南、北方元素的一群人。接下來的難題是，這個混血在程度上如何證明北方多一點？在血緣上是有點難證明的。淵源的部分可能可以做一些事實的探究，但在族群和國族上要如何選擇，這就是可以跟淵源做切割的。

戴寶村：透過DNA和HLA，我們研究遺傳基因，其實來自母系的影響性更強，所以應該可以印證客家血緣從北方來，在某種程度上是可以接受的。但我想人都有各種來源，但更重要的是，你知道你的選擇是什麼。

張維安：剛剛永豐問的最後一個問題，其實應該還沒有答案，雖有研究者認為畬客同源，但我們可以看到在DNA的比對上，仍是有些不同的。其實最重要的還是要有「認同」，不論你身上的血緣關係有多少，沒有基本的認同就是無用的。最後，客家「成為」客家，「論述」是很重要的。

參詳會後合照，左起：張典婉（前）、古碧玲（後）、鍾永豐、戴寶村、張維安、林正慧、許維德。

重探臺灣史中的客家定位

時　　間：2022 年 2 月 12 日（六）14:00 至 16:00
地　　點：左轉有書（臺北市中正區鎮江街 3-1 號）
召 集 人：
　　　　張　維　安／國立陽明交通大學人文與社會科學研究中心研究員
與 談 人：
　　　　王　保　鍵／國立中央大學客家語文暨社會科學學系副教授
　　　　吳　學　明／國立中央大學客家語文暨社會科學學系榮譽教授
　　　　李　文　良／國立臺灣大學歷史學系教授
　　　　劉　瑞　超／國立中央大學客家學院博士後研究員、全球客家研究聯盟執行秘書
　　　　戴　寶　村／吳三連台灣史料基金會祕書長
記錄整理：江　怡　瑄
攝　　影：汪　正　翔

張維安：客家人，如何被安置在臺灣歷史中？此沙龍的第一場是「客家人如何誕生？」，以前的觀念對於學術研究來說不太正確，因此討論「萌生客家意識的族群是從何時開始出現的？」。第二場則是「在臺灣歷史裡，要如何定位客家？」，客家人在臺灣，認為「我不是人客，我是臺灣的住民。」。通常談論「客」字，取音不取義。在「客」字上做文章，容易忘記群體的民族性。說到客家歷史，就會議論客家人，比如賣臺的歷史、外來的特質。和其他族群一樣有義民組織，很多人卻說義民就是「不義之民」，說他們不是漢族的族群，一直重複被論述，需要來「參詳」討論。

客家從前並不受到主流社會的肯定，很早以前來到臺灣開墾、打拚，做出貢獻。第一部分從南部開墾的客家，請李文良老師來談談；對北部的貢獻就交給吳學明老師來說。接下來談，當時日本人來臺的大小戰役，客家人所謂的「保臺」義舉，從北部講到南部，邀請戴寶村老師，再請李老師來說乙未戰役的部分。在多元文化、母語運動上，客家人也沒缺席，這幾段故事就可以重新定位客家在臺灣歷史上做過的貢獻，所以最後請劉老師、王老師分享。

越被排擠就越是團結，百年前的資源爭奪

李文良：客家出現在臺灣歷史文獻上，沒有想像得早。最近南部六堆舉辦了盛大的國家級慶典「六堆300年」，是從18世紀初開始算起，表示客家在臺灣歷史中出現時間是300年前左右。但其實在此之前大約150年間，就有漢人在臺灣活動的紀錄。客家出現在歷史文獻上的時間，是他們「那時」才被寫下來。因此問題可能在於，客家來得很早，不過為何他們很久之後才被記錄下來？而且是康熙50代的那一個時間點。

事實上，客家一開始在文獻中的形象非常負面，約300年前時，客家被寫成是社會動亂的導火線。而過去學界常把文獻中最早的紀錄當成史實，也就是當作「照片」。但我認為，那不是真正的客家歷史形象。將它視為「鏡子」。從這些早期客家紀錄看到的，是「記錄客家歷史的那一群人」的想法與擔憂。因為清初早期的方志主要是跟官府關係良好的閩南人寫的，他們把客家人寫得很負面。從中可以理解到，客家人並非在當時才來，是他們當時已經強大到地方主流官紳都無法忽視。

李文良

國立臺灣大學歷史學博士，現任國立臺灣大學歷史學系教授兼系主任。曾獲教育部及日本交流協會獎學金，赴東京大學訪問研究。研究領域為日治時期山林史、清代臺灣社會史等。著有《清代南臺灣的移墾與「客家」社會（1680-1790）》、《新編六堆客家鄉土誌：歷史發展》（與陳麗華合著）、《籠城之戰：1895年南臺灣六堆客家火燒庄戰役》（與戴心儀、陳瑢真合著）等。

客家人在何時因何原因來到當時仍屬偏遠的南部內陸近山地區六堆，直到現在都未解。但可以了解，一群人要安居樂業，並非理所當然，考慮到在清初被主流官紳描寫的負面形象，能夠感受到他們極為艱難的處境。從300年前就必須去面對「被排擠」，於是在自己的內部發展出獨特的文化、組織與社會網絡等，經長期努力才得以定居下來。

客家的歷史研究意義，就在於了解過程所形成社會結構與文化。其中最重要的便是資源控制，在清代主要是土地及科舉。閩南人把客家人的形象寫得很差，說他們是

廣東人，沒資格在屬於福建省的臺灣府登記土地，閩南人因此得以優先控制土地資源。因此，清代臺灣分成閩、粵兩個族群，其實是清初土地資源爭奪控制的結果。雖然如此，雙方仍須在制度上有些協調，這也就是永佃、定額租等制度。這都是學術研究的重要議題。此外，在科舉考試上，閩南人用「廣東省人士」的理由，不讓客家在臺灣參加科舉，拖了將近60年，客家人才能在臺參加科考。乾隆年間，客家人去衙門抗議，迫使當時的巡臺御史奏請朝廷允許客家人參與科舉。雖然如此，官府為了避免閩南的不滿，折衷辦法是另外增設屬於客家人的學額。因此，當時要參加科考，就要先決定你自己是「閩」或「粵（客）」，族群及其身分是有著「制度」的框架。而且客家議題影響的是整個臺灣社會。客家研究是臺灣史裡極具潛力的領域，包含了許多具有意義的文化、制度。

張維安：客家歷史不是客家人自己寫的，誰在詮釋客家人的地位也很重要。現在請吳學明老師來談北部的客家人，說說客家人在北部如何拓墾，以及經濟方面的發展。

不只是晴耕雨讀，帶動臺灣經濟的客家商人們

吳學明：客家人在整個臺灣歷史的定位是有趣且嚴肅的問題，多元族群文化互相尊重，且要了解不同族群在整個歷史上扮演什麼樣的角色，這對於整個臺灣族群應該是很正向的。臺灣歷史上並不是今天才開始重視商業發展，其實一直重視農商，以農業生產品作為商品。農業生產是為了提供交易用，比如：蔗糖、稻米、茶葉等等。為提升單位面積生產，水利開發成為土地開墾過程中重要的一環。北部客家人的拓墾過程中，往往要控制湧泉帶的水源，如新北泰山區汀州客家人胡焯猷，甚至透過巨大的資金與修圳技術取河水灌溉，如雲林廖朝孔家族因水利技術而被援引到臺中參加六管業戶葫蘆墩圳的興建；新北劉和林家族開劉厝圳，灌溉淡水河西岸大

量的耕地，提升客家族群在北臺灣
的經濟力。

客家族群在水源技術控制的能力或
許超越閩南人。那麼在水利開發的
過程，資金、技術如何得來？幾年
前我幫竹北林家整理古文書時，看
到他們在噶瑪蘭有很多的財產。從
田野實查也可以看得出來，竹北林
家在嘉慶年間就已經把開發水圳的
技術帶到噶瑪蘭去了。林國寶以合
資的方式興建「林寶春圳」，即以
林國寶的名字作為圳名，灌溉宜蘭
冬山鄉 500 多甲的水圳，嘉慶 23 年
林國寶又購買紅水溝堡火燒圍圳一
半的股權。

吳學明

國立臺灣師範大學歷史研究所博士，現任國立中央大學客
家語文暨社會科學學系榮譽教授。曾任國立中央大學客家
社會文化研究所所長等。研究領域為臺灣開發史、臺灣客
家移墾史、臺灣文化史。著有《金廣福墾隘與新竹東南山
區的開發（1834-1885）》、《從依賴到自立——臺灣南部
基督長老教會研究》、《變與不變：義民爺信仰之擴張與
演變》等。

今冬山鄉安定宮尚供奉林國寶的長生祿位，林國寶就是帶了大量的資金和修水圳的
技術拓墾宜蘭。現在宜蘭冬山有很多客家人，和新竹、桃園都有密切的關係。再
者，嘉慶、道光年間活躍於桃園蘆竹、南崁的黃仁壽，他是祖籍鎮平的客家人。嘉
慶 13 年他倡議修建南崁五福宮（原名玄壇廟），興建於道光六年的南崁義民廟褒忠
亭，也是黃仁壽倡建的。在宜蘭田野現場中發現南崁五福宮在宜蘭冬山鄉有一座分
香廟，敬拜武財神，這座位於冬山鄉丸山村的保安宮，廟內右廂供奉黃仁壽的長生
祿位。黃仁壽就是在嘉慶年間帶著資金和技術，到宜蘭冬山鄉合股興建八寶圳，今

宜蘭冬山鄉靠山地區有很多客家人，其中很多是宜蘭溪南拓墾時從新竹、桃園地區，帶著技術與資金去開墾。

談臺灣的經濟發展，都非常重視清末茶葉跟樟腦的出口，成為清末臺灣重要的貿易品。北臺灣的茶、樟腦外銷，這些巨大的經濟利益是誰創造出來的？是因為大量客家先民到桃園、新竹和苗栗內山伐樟焗腦，冒險創造出來樟腦的利益。茶葉的生產者又是誰？茶樹的種植不斷從臺北盆地往南擴散，桃園、新竹山區茶山遍布，為了將茶葉從生產地運送到大稻埕加工，從南庄、峨眉、北埔、橫山、竹東、關西、龍潭三坑子，形成一條挑運茶葉的「挑茶古道」。這條挑茶古道，它有多重意義，一層是大溪蓮座山觀音寺觀音信眾的人群整合；一層是經濟脈動，新竹、苗栗的茶葉就透過這條路出口，為臺灣創造巨大的經濟力。這些都是客家先民伐樟焗腦、種植茶樹的結果，成為清末以來利潤相當大的國際商品。

臺灣的經濟發展，從稻米、甘蔗到茶葉、樟腦，客家人都扮演著重要的角色。以前我們一直認為客家人就是晴耕雨讀，但能不能重新思考客家人在商業上的成就？客家人如果不只是晴耕雨讀，他們也重視商業的經營，在不同的時空中，客家族群如何參與島內區域間的商業活動，又如何參與國際貿易，探討客家在臺灣歷史的定位時，似乎不應忽視客家族群在商業發展所扮演的角色？有沒有可能在歷史脈絡中，找到更多的客家商人？

張維安：實際上，客家人在世界上做生意很常見。再來講講，在乙未戰役中，客家人在此扮演什麼樣的角色。有請戴寶村老師。

「被客家」也「被義民」，乙未戰爭中的定位

戴寶村：兩位教授的論點，都是建立在堅實的研究基礎底下，對題目有非常多的啟示。談到經濟方面，客家常在清治時期以義民身分出現，臺灣在馬關條約時割讓給日本，許多重要的人物都是客家人的領袖，乙未割臺的參戰經驗也是客家人的光榮事蹟。從幾個角度來談，對客家抗日戰爭的一些觀察。客家移民是經濟性的，只要能在臺安居樂業，大概就完成了他們的使命。211年當中，有超過110次的民變，像打地鼠那樣，一直打、一直反。

戴寶村

國立臺灣師範大學歷史學系博士，現為吳三連台灣史料基金會祕書長，亦為文化部、桃園市、新北市、臺北市、基隆市等文化資產審議委員會委員。曾任國立政治大學臺灣史研究所教授。學術領域為臺灣史、臺灣文化史、臺灣海洋史、文化資產、客家族群文化等。著有《海洋台灣歷史論集》、《漢人社會的形成》（溫振華合著）等。

1895年是具有變化性的一年，甲午之後，唐景崧、丘逢甲等人創了「臺灣民主國」，目的是為了拖延，使得臺灣不被割讓。但日本人一登陸，民主國立刻潰散，臺灣官員都跑掉了，這些軍隊變成亂兵，也沒有被遣送回去，亂成一團。清朝政府沒有移交領土的制度與能力。年號從光緒變成明治，臺灣失去了社會秩序，亂兵變成麻煩，到處亂搶，一路往桃園、新竹逃。逃亡過程中也會造成地方的動亂，號稱義勇公的，其實都是那些亂兵沿途被臺灣人殺掉的。

對臺灣人來說，日本是陌生的敵人，只是隱約知道要換頭家了。在改朝換代的過程中，臺人某種程度的反抗，實則是原始的反抗，是因為某種不安定感。日本人採取軍事武裝策略，才造成許多地方「抗日保臺」。客家人為了保衛鄉土變成了「義民」，所以我說臺灣的客家某種程度是「被客家」。清治的義民其實也是「被義民」。以利稱義，為了利益衝上前去當義民。客家人的經濟營生與土地的關聯性非常高，因為得來不易，所以更珍惜家園。

當時的臺灣是部落社會或是鄉民社會，日治時期才進入法治的公民社會。客家的宗族觀念強烈，在這樣的情況下，客家確實是少數的弱勢族群，於是自我防衛性又更強。且在經濟社會生活中，客家對福佬、原住民來說，都是陌生的，所以會有衝突，具有武裝開墾的性質。

長期以來，從清代民變中來看，客家人是為了守護經濟資源，當然會轉而保衛鄉土，在清朝分化治理下，就容易被義民化。在臺灣歷史的定位中，臺灣人常常把客家等同於義民的身分，認為他們就是幫助朝廷鎮壓反清者，這個義民會帶有一種「臺灣共同體的原罪」，但其實他們只是想要保護自己的身家性命。

1895 年的抗日作戰也有類似狀況，一談到客家就說是抗日民族英雄，有時會忽視了客家的經濟性或社會結構性。客家「被客家」也「被義民」，客家應當可以說是某種種族主義。臺灣近代歷史要去建立中華民族主義，但民主化後反而不是，我認為有點是強加的民族主義。幾十年來，我們已經建立一個民主國家體制，臺灣國族下有閩南、原住民、新住民，其實從共同生活經驗下，已經逐漸形塑出臺灣人的國族主義，客家也是其中的一分子。

張維安：我們這一代只聽過甲午，沒聽過乙未，近來慢慢地，客家參與乙未戰役的身分被凸顯出來。戴老師說，很多社會結構凸顯出為何客家被義民等等的議題，我也以為應該要再深入研究。接下來南部抗日的版本也來請李文良老師跟大家分享一下。

保護家園的決心，乙未戰爭的最後一場戰役

李文良：連橫的《臺灣通史》把乙未割臺時宣稱要保臺卻逃走的民主國官員罵了一遍，並特別為那些留下來抗日的底層民兵寫了歷史。而在乙未割臺中，客家人的抗爭非常明顯。雖然將 1895 年的戰役通稱為「乙未戰役」，但其實日軍在征服臺灣的過程中，面對不同的地區與人群，有著不同的對應和戰事，所以應該分區研究。其中幾個抵抗明顯的地方如桃竹苗、中部的八卦山戰役等，都和客家有關。當日軍打完中部戰役後，剩下的主要是臺南劉永福的臺灣民主國。但從日方留下來的調查報告，當時被日軍特別關注的還有六堆客家。日軍因此針對南部做了一次新的征服計畫，編組成南征軍，還準備分三路進攻。

六堆客家以為日軍會從北部打下來，所以他們就去支援府城，想不到會有一支日軍竟然搭船從南部枋寮登陸，一上來就攻擊茄苳腳。六堆中比較北邊的客家因此來不及支援茄苳腳戰役，日軍也沒想到茄苳腳這個小村莊竟然會有這麼大的抵抗能量。當時的茄苳腳之所以讓日軍震驚，是因為他有大砲和槍枝。雖然如此，日軍枋寮登陸後並沒有打算征服六堆，他們先把主要的目標放在臺南的臺灣民主國。因此，從茄苳腳沿著海邊推進到東港，然後很快地前進到高雄、臺南。不過，臺南也沒有抵抗，後來就直接投降。也就是說，在乙未戰爭中，客家人打了最後一場，接下來長達六年的「武裝抗日運動（日本文獻稱為『土匪蜂起』）」中，客家人又打了第一場

戰役——火燒庄戰役。當時這場仗就打了兩天，日本人嚇了一跳，一個自然村竟然可以支持這麼久。所以我說客家研究是非常迷人的，不論在何處。

張維安：乙未戰爭，是一場日本對客家的重要戰役。我想南部的客家跟北部有點不同，北部客家人都認為六堆很有自我防衛的能力，但應該來了解整個社會結構的問題，也就是說當時在對抗日本人時，客家確實有比較突出的抵抗身分。其實客家在歷史上對水利、商業等方面都有許多貢獻，到了近代，也為了鄉土、國家做了很多的社會運動和抗爭行動，客家人做了很多努力。現在請年輕一輩的劉瑞超來談談客家在社會運動上的貢獻。

我庄我土，遍地開花的客家精神

劉瑞超：剛開始接觸到臺灣史的書，我也會思考，我想做臺灣人，但找不到自己的定位。各位教授說的械鬥、義民，對客家人來說只是要保護鄉土，這件事又被統治者義民化。當時的客家人，不是用客家的名字來做事情，從這也能看出，當時他們如何看待自己作為臺灣的一分子，以及為農工階層、保家衛土所做出的努力，這或許是我們重探客家在歷史定位上的用意。那麼在臺灣歷史中客家的社會運動有哪些？當時日本政府強徵農地的事情常常發生，有一些武力衝突，但我們從來沒想過與客家有什麼關係。比如，最早的臺中新社馬力埔事件，還有較多人知道的二林事件，都是臺灣早期的農民抗爭事件。臺灣農民組合成立後，在許多客庄地區，包括北、中部都有成立農民支部。

客家人很早就開始參加社會運動，再前面一點的就是乙未。客家投身農運不遺餘力，或許也與自身與土地的密切連結有關，但由土地運動延伸出的相關行動，客家

也有相當貢獻。人們將土地作為農業生產根本的思考，已拓展到將土地視之為與人類生存息息相關的環境議題。另外，客家因自身處境，同時關注到其他的農、工階級。像是1988年苗栗客運、桃園客運因不滿超時工作所引發的罷工事件，以及桃園觀音六輕落腳的反抗運動，那時候就有很多客家人響應。

劉瑞超

國立臺灣大學人類學系博士，現任國立中央大學客家學院博士後研究員、全球客家研究聯盟執行秘書。曾任國立交通大學人文與社會科學研究中心博士後研究員、國立交通大學客家文化學院國際客家研究中心博士後研究員。研究領域為族群研究、客家研究、東南亞華人等。合著有《承蒙：客家臺灣・臺灣客家》、《客家地方典慶和文化觀光產業：中心與邊陲的形質建構》等。

我說回來，客家在哪裡？很多罷工事件發生，是針對勞工，像這樣的事情其實很多，但大家不知道跟客家有什麼關係。在很多的環境運動中也不少客家人，新竹的客家鄉親就把工廠圍起來抗爭，觀音要蓋六輕，也是被當地人站出來趕走了，同時也包括美濃的反美濃水庫行動，它不是單純的環境運動，不僅留住了那邊的生態系統，這樣的行動凝聚了社區、農村，不只是美濃，對環境的保護觀念已經四處開花，關注「我庄我土」的精神就擴散出去了，也是客家人說的「天、地、人」概念。

追求的不是利益的極大化，而是人與土地共生的狀態，像是里山的友善農業，臺灣已經開始有人在做了。回到台三線來看，地方創生、青年返鄉所求的不僅是生計，而是人跟社區、文化親密的關係，透過這樣的實踐，去復興客家文化。二二八事件

以及黨外運動，跟民主政治相關的運動等等，客家都不曾缺席。在臺灣始終不太能看到客家的存在，我們不會直覺地去想到，只有當客家作為族群分類產生有效性時，這些貢獻才被人所知，所以說主流社會讓客家被討論的機會其實並不多。

張維安：想想臺灣其實很幸福，農保、工保，在臺灣民主社會發展下都成為重要的資產，不會特別強調客家在這之間做了什麼？不是說其他民族沒做事，是在這個過程中，客家人為了自己的民族性之外，也因此對臺灣社會有許多的貢獻。接下來請保鍵老師來講近代客家人的角色。

「我是客家人，我會説客家話」

王保鍵：當代的客家發展過程，可以說是「How to identify myself?」。戶籍法區分本省、外省，1991年修憲後才去除本外省的分別。有個重要觀念，很早以前本、外省有《客家風雲》雜誌，某種程度塑造了所謂客家的自我意識，不禁要問：「客家知識分子如何塑造客家認同？」客家知識分子掌握了民主轉型後，開啟了客家知識認同。新的客家人和過去的客家人有什麼改變？一開始的客家化掌握在客家菁英分子手中，隨著時代進展，慢慢走向庶民化，對客家來說更彰顯了客家的發展。後來成立客家公共事務機構，客家人已經有自己推動政策主體的機構出來了。那次之後，客家政見就變成所有選舉不可或缺的一部分。

1994年關鍵的客家事務被重視了，2000年也是因此影響了陳水扁當選總統，設立了與族群運動相關的客家委員會，再來是客家學院、客家電視。客家運用民族轉型機制，發展後這些機制變成推動客家發展的手段，客家運動現在從體制內向外發展。而客家基本法，變成更有法律效率的規準。語言方面，有句標語：「我是客家人，我

會說客家話」，以前不一定會把客家當作自己身分的認同。2008年就試圖要做這件事，客家在整個國家語言發展上作出重要的貢獻，把客家和語言連接，當時的政策是要把臺灣的所有本土語言都納入國家語言中。過程中不能說客家是絕對主導了國家語言發展，但扮演了一定的力量。語言權力又更加保障了人權的觀念，臺灣過去的民族轉型過程中，我們現在還可以看得到它的未來性，當它變成「全國客家日」，政府就會開始教育大眾：「客家人在臺灣發展中貢獻了什麼？」所以說全國客家日對客家的重構有很大的幫助。

王保鍵

國立臺灣大學國家發展研究所法學博士，現任國立中央大學客家語文暨社會科學學系副教授。學術專長為客家行政與法制、國家語言法制、英國政府與政治、少數群體權利等。現兼任財團法人桃園市客家文化基金會董事、桃園市客家事務輔導團委員、客家委員會諮詢委員等職務。著有《客家發展之基本法制建構》、《圖解客家政治與經濟》等。

張維安：客家人做的事情在直覺上是爭取權益，但也不會忘記其他族群，比如還我母語運動，也不會說不用還別人母語。可以看到客家人如何透過運動去爭取權益，對於多元文化的進展有很大的動力。

客家研究領域的展望，期待新血注入

李文良：客家是臺灣史中非常有吸引力的領域，還有很大的發展空間。面對過往研究的同時，藉這個場合應該想想未來。客家研究進入學院的重要關鍵是20世紀初期

的羅香林，因為當時有些人把客家講成是少數民族，但羅香林卻是以更民族主義的角度去回答被民族化的客家議題。近20年來的客家研究跟臺灣的政治運動、客家族群型塑，有著密切的關聯。展望未來，是不是可能哪一天我們也會像今天反省羅香林強烈中華民族主義的研究一樣，來反省最近20年來的客家研究？

吳學明： 從我還是一個碩士研究生時，就在客庄調查研究，幾十年來客庄耆老不會因為我不是客家人、不會講客家話而排斥我。我得到很多關照，心存感恩。在田調過程中，我發現客庄還保存很多珍貴的研究素材，歷來客發中心很努力做文獻資料的蒐集；田野現場也相當精彩，希望更多年輕朋友投入客家歷史研究，客家定位自然呈現。

戴寶村： 我在思考臺灣客家，應該如何共同創造歷史，也參與歷史。不管福佬、客家或新族群，來到臺灣即使沒有自然發展也好，時間久了也自然融入臺灣土地，一個移民社會到第三代，也都已經是落地生根。客家其實也是臺灣客家，臺灣客家人也是臺灣人，歷史有一個口號就是「原來是客」。這個議題很好，大家一起來這裡「參詳」，越參加這個活動就會越了解。

劉瑞超： 不只客家史，臺灣史有各種族群，重探這樣的定位，才能去豐富「愛臺灣」的內涵，必須先清楚「臺灣」是什麼。我們距離多元、共榮、尊重差異還有一段路。在此之前，必須要先互相理解。

王保鍵： 客家研究應該要更宏觀，從全國來看客家是少數，所以會建立很多客家保障機制。關於客家歷史的議題，比如說客家進入山區有沒有跟原住民產生衝突？轉型正義要不要關注這個部分？我呼籲客家研究應該更宏觀、更具包容性。

張維安：我認為臺灣歷史不是單一族群創造的，不論優、弱勢族群，都是創造的一分子。我們要認識歷史裡，各種族群的位置，對於客家來說，有它自己的安身立命之處，了解自己的貢獻、限制，這都很重要。

1895 年是具有變化性的一年，甲午之後，唐景崧、丘逢甲等人創了「臺灣民主國」，目的是為了拖延，使得臺灣不被割讓。

李文良,《清代南臺灣的移墾與「客家」社會（1680-1790）》,2022年,臺北：國立臺灣大學出版中心。（照片提供／國立臺灣大學出版中心）

吳學明,《金廣福墾隘研究（上）》,2000年,新竹：新竹縣政府文化局。

張維安、謝世忠、劉瑞超合著,《承蒙：客家臺灣‧臺灣客家》,2019年,臺北：聯經。

王保鍵,《客家發展之基本法制建構》,2019年,臺北：遠流。

臺灣客家與周邊族群的歷史

時　　間：2022 年 5 月 14 日（六）14:00 至 16:00

地　　點：左轉有書（臺北市中正區鎮江街 3-1 號）

召 集 人：

　　　　　張 維 安／國立陽明交通大學人文與社會科學研究中心研究員

與 談 人：

　　　　　張 秀 雲／水妹手作・客家紙工作室負責人

　　　　　張 翰 璧／國立中央大學客家語文暨社會科學學系特聘教授

　　　　　陳 鎣 枚／多元文化講師、馬來語老師

　　　　　戴 寶 村／吳三連台灣史料基金會秘書長

　　　　　羅 烈 師／國立陽明交通大學客家文化學院副教授

記錄整理：張簡敏希

攝　　影：汪 正 翔

張維安：大家好，我是張維安。先介紹陽明交通大學的羅烈師教授，他會跟大家分享客家和原住民的逆寫歷史觀點。第二個是張秀雲小姐，會和大家分享台三線上客家和原住民的關係。接下來戴寶村老師來講客家人和閩南人的族群關係。張翰璧老師，中央大學特聘教授。和我們分享客家人和外省人的族群關係。最後是年輕的陳鎷枚老師。她自己就是從馬來西亞到臺灣的客家人，也是客家媳婦。她會說一個客家和新住民的交流。其實客家文化、生活、語言，它和我們附近的其他族群的互動非常有關係，客家文化也不是永遠不變的。族群之間的交流、通婚、食物，儀式，甚至是掃墓祭祖，都有很多互相影響的地方。接下來請羅老師開始。

互相尊重彼此的主體性

羅烈師：各位朋友大家好。今天的題目是「逆寫北臺灣客家開發史的想像與實踐」。「開發」這個名詞本身是需要逆寫的。題目的前一半「qmul rhzyal Tayal」是泰雅語，意思是搶奪泰雅土地；後一半是客家話，意謂開發山林。到底北臺灣開發的歷史，究竟是客家人開山打林，還是將泰雅族的土地搶奪過來？讓人沉思。什麼是逆寫？其實本來是文學評論的理論，是後殖民文學上非常重要的一個態度。對後殖民作家來說，最艱困的是在

羅烈師

國立陽明交通大學客家文化學院副教授。國立清華大學人類學博士。主要研究領域為臺灣與東南亞客家研究、民間信仰、族群關係、文物收藏與展示、客語復興。著有《阿娘的土地：砂拉越新堯灣的信仰和歷史》、《大湖口的歷史人類學探討》等；主編《徐木珍隨口來》。

小說、詩當中，用殖民者的語言來書寫被殖民的苦痛。殖民者的語言文字有其主體性，但卻未必符合被殖民者文化的主體性，所以需要逆寫（write back）。想像一下鍾理和、鍾肇政還有龍瑛宗等人，用日文或漢文或發聲的創作過程，我們就不難理解後殖民書寫的困難。《逆寫帝國》（The Empire Writes Back）一書就提出語言層次上的棄用、挪用、混用、注解或變種等等，還有修辭層次以及文學理論，如何在文學上、語言上逆寫，從而建立被殖民者的主體性。

這種做法在臺灣也有非常大的影響。霍斯陸曼・伐伐（Husluman Vava）的創作，尤其《玉山魂》，便打造一個以玉山民族為主體的文學國度。他用神聖的文字創作，把歷史的解釋權搶回來。一直以來，原客關係中的權力天秤倒向客家，客家以漢人身分在開發史中占據了主體位置，因此客家研究者應該要認真來反思，客家作為主體的這個開發史的論述當中，如何體會、定位原住民族，這是逆寫客家歷史最關鍵處。由於臺灣史向來以漢人為主體，也存在著客家的主體性何在的問題；現在我們又要進一步思考客家漢人主體性的書寫中，給予原住民族適當定位，這是雙重的課題。

我們六月分出版專書，包含六篇文章：陳龍田〈北臺灣原客關係相關公開文字資料蒐集介紹與分析〉、還有我自己一篇〈北臺灣原客鄉鎮志的原住民族書寫檢討與建議〉，是關於原住民的地方志的內容和討論，以及重新分析一些碑記或公共展示的地方書寫文本。另外兩篇文章：梁廷毓〈桃園、新竹沿山地區泰雅部落的原漢族群互動記憶〉、劉柳書琴〈梅嘎蒗社的苦難：櫻花林下的內橫屏山隘勇線抵抗記憶〉是關於19世紀、20世紀之交的開發記憶。另外羅文君〈由縫隙出發的歷史——旮旯牌聚落的形成與離散〉、Iban Nokan〈原住民領土權、空間政治與轉型正義：以Tayal [Bng-ciq]（泰雅族大豹社群為例）〉是空間的角度，混雜著客家漢人與原住民族的歷史，也

就是開發史的討論。Iban Nokan 以三峽大豹社作為例子，闡述以前原住民的「番地」變成漢人街庄的過程。他以憲法層次的鉅觀視野，重新逆寫漢人街庄形成的歷史，也主張將原住民的領土歸還。另外，羅文君的文章描述，在資本主義的領導之下，原住民族的領域中，客家聚落形成與衰落的過程。

最後，2021 年，交大、清大的三個系所師生，大家一起去內橫屏山走讀。我當時站在上坪，和大家說：「如果大霸尖山是蛋黃，我們今天走到這裡，就是輕輕的敲了它的蛋殼幾下。」我本身做了半輩子的客家研究，這兩年開始思考，該怎麼將原住民研究和客家一樣視為主體，重新改寫這麼多年大家在客家歷史方面的研究成果。基本上我認為，我也只是輕輕敲了蛋殼幾下，還沒有得出結果，所以我會繼續努力的做下去，謝謝大家。

張維安：感謝羅老師分享這麼大的計畫。其實上一次我們主講客家人在臺灣歷史上的角色，多少提到早期的臺灣歷史沒有客家人的主體性。客家人的位置雖然很重要，另一方面也反省客家人在講歷史的時候，是不是也該給原住民一個主體性。最近我們推行的浪漫台三線，我就看到原住民說：「你們的這些浪漫，就是我們的流離失所。」這是非常重要的反省。族群該互相尊重彼此的主體性。接下來我們請秀雲來分享。

隱藏在石壁上，羅成的故事

張秀雲：大家好，今天想和大家講苗栗獅潭「羅成」的傳說故事，這個佚事被記錄在頭屋石觀音寺的石壁上方，李喬也曾撰文敘述。故事大致上是說，羅成因為具備多族語言能力，所以被請去做通譯，因此認識了黃南球。黃南球看到這個年輕人，

如獲至寶，每次都會請他喝酒，提出一起打天下的想法，如果成功，就來做結拜兄弟、平分江山。如果沒成功，我們兩兄弟，大哥吃什麼，你就跟著吃什麼。羅成聽到十分感動，就和他一起開發獅潭，從1876年開始，差不多十年，整個獅潭就被攻下。但是羅成心裡過意不去，他沒辦法忘記那些被他趕到山上去、流離失所的原住民。為什麼他會有這麼深的感受呢？因為這是他生活的地方，原住民都認識他的父執輩，他從小就在這座山林裡面生活、玩耍。也因此他就出家吃

張秀雲

水妹手作·客家紙工作室負責人。1992年在獅潭鄉與村民發起重塑當地失落的粗紙產業，也致力於記錄保存、推廣客家傳統的做紙文化，分享簡樸自然的客家生活與在地故事。

齋。因為他出家時就在石觀音這邊，後人才將廟宇建築起來。

歷史上的考據到底有沒有羅成這個人呢？傳說羅成法號羅普雲，一份土地申告書中，寫著地籍「臺中縣苗栗一堡二崗坪庄土民南球」，並附註「福善堂管理人羅普雲」，另一份1901年同一地籍的理由書上，說明石觀音這個地方是如何來的：黃南球開墾內獅潭時，受到觀音娘娘的厚恩，所以將分到的墾界，四方石的地方奉獻出來，作為觀音廟的地基，叩答神恩。應政府土地調查，將這些事情辟明。可是這邊寫的管理人是羅碧雲。上面有當地的有力仕紳擔任委員，要來證明這些土地的由來，還有蓋印。另外有一封信，上面寫的也是羅普雲。因為是1901年的紀錄，所以內容寫得很亂，但這樣看來，羅成這個故事，相似度應該有90%。

當時黃南球與羅成說好的平分天下，其實也並不那麼公平。黃南球的土地在苗栗一堡二崗坪在天華湖一帶。他登記的土地總共有45筆，地上建物有11筆，是有一甲多的。耕地登記的面積約有50公頃。羅普雲則有五厘，大約半分，半分大概150坪左右，蓋一間房子差不多，包含一個禾埕。

1876年，黃南球和羅成打天下時，黃南球37歲，羅成才17歲。當時很流行結拜兄弟，年齡差距這麼多歲的實在很少。1895年，日本人來臺時，黃南球跑去了廈門，而1898年羅成正式出家。那個時候羅成有三個孩子，他兒子九歲，大女兒五歲，小女兒四歲。1928年，羅成68歲就過世了，再約三年後，黃南球的小女兒黃小蘭嫁給羅成的兒子羅春桂。她做媳婦的時候非常辛苦，因為全家人都很反對。她鼓勵羅春桂去日本讀書，但是因為沒有錢，她做很多工作貼補家用、照顧孩子，提供羅春桂去讀書。後來羅春桂才開始做醫生，開了一間苗栗最大的醫院。

今天會有羅成的故事，最重要的原因是他會很多族群的語言，可見當時有很多族群的人一同到獅潭生活。我很多資料是從羅家的族譜裡面拿到的。故事到這邊告一段落，總歸還是勸人向善，謝謝大家聽我分享。

張維安：羅成斷指的這個故事，主要還是透過逆寫，反省客家漢人在開發的過程對原住民的作法。接下來我們請戴老師來跟我們講客家人和閩南人的族群關係。

「HALO」，福佬和客家之間

戴寶村：族群的屬性跟特徵，有一種是非常本質論的，他的體質、人類學這樣的差異，語言、文化等。另外一種是外力性的。歷史演變過程中，外在的因素強化了族

群的屬性，譬如經濟爭奪、或是國家政治力量的影響。就像客家族群長期一直隱沒在臺灣的社會，但是從90年代以來，透過客家運動，讓客家族群政治、甚至行政出現，客家因此就越來越顯著，不然也不會有今天的參詳。

漢人移民到臺灣，不管福佬客家，基本上都一定要先取得土地，然後進行水田稻作，作為維生的經濟，事實上也有高度的市場取向。臺灣的地理環境跟族群分布在清代已經逐漸形成，平原地區較多閩南人，靠近丘陵、山邊是客家人。自然而

戴寶村

國立臺灣師範大學歷史學系博士，現為吳三連台灣史料基金會祕書長，亦為文化部、桃園市、新北市、臺北市、基隆市等文化資產審議委員會委員。曾任國立政治大學臺灣史研究所教授。學術領域為臺灣史、臺灣文化史、臺灣海洋史、文化資產、客家族群文化等。著有《海洋台灣歷史論集》、《漢人社會的形成》（溫振華合著）等。

然，河流的中游地區就會歸屬於客家族群。福佬人如果想要取水，就可能要付出一些經濟上的的代價，所以有一句俗語是：「客人仔猴，占水頭。」水源取得跟應用會有一段空間的距離，會跨越不同的村莊、不同的族群。所以也必然會造成族群的合作。1733年大埔客張達京所建的葫蘆墩圳，他取的水源就是大甲溪一直往上溯，到了石岡地區。石岡就是客家人的地區，語言接近，所以他蠻容易取得這個水源。到了後來，這個由豐原地區所掌握的葫蘆墩圳進入到近代，我們知道臺灣的農業其實是高度的商品化，連水權基本上也可以當商品買賣，所以到了日本統治的初期，這個霧峰林家就用了八個大的股份把這個水源全部買下來，形成一個葫蘆墩圳的水利組合，我想這裡面可以反應當中的族群關係。

再看社會族群通婚，2000年內政部有一個抽樣調查，1960年代之前結婚的第一代，客家人跟福佬人通婚不到20%。1960至1980年代，第二個世代的客家人跟福佬人通婚已經差不多到了三成。80年代、90年代，其實客家跟福佬的通婚，已經差不多一半了。過去我們會說，不要嫁「下田採茶」的客家人，很辛苦，但是可以娶「勤儉持家」的客家細妹，其實有大福佬主義、功利主義的成分。但是以通婚狀況來看，現在的社會基本上已經不再在意族群背景。

政治方面，清朝帝國看似消極，但它很細膩的去了解臺灣社會的狀況，所以會在民變的時候有義民的運用，或者是利用科舉的方式來掌控臺灣。那當然客家人後來也會用科舉來爭取他的權利。去年在談文協百年，臺灣文化協會成立100周年，到了日本統治的中期，隨著整個臺灣社會共同體的形成，非武裝的抗爭中，其實有蠻多客家已經參與，偏向於農工運動。日本時代曾經用「喀」來稱呼客家人，但沒有細分福佬、客家，而是以本島人來總稱，日本臺灣的總督府感覺並沒有刻意分段支配。

在國民黨威權體制時代，不談族群問題，但是背後還是會採取「恩庇侍從」的觀念。1988年的客家運動到2001年的客家委員會，是處理這個客家族群非常重要的關鍵點。再去看臺灣的兩大政黨，國民黨其實都知道有族群差異，也會去運用，但不會去特別設立一個族群的事務單位，民進黨就會很注意。最後文化的部分，語言非常重要，1988年是還我母語運動，2001年客家委員會成立，2019年，把臺灣的華語、福佬話、客家話甚至原住民語，全部都變成一個國家的語言，我覺得這個是一個對族群關係非常重要的一點。如果我們將Hakka與Holo加起來，剛好可以創造一個臺灣現在非常好的打招呼語言，就是「HALO」。這個就是我心目中的福佬、客家關係，謝謝大家。

參詳沙龍討論現場，左起：張翰璧、戴寶村、張維安。

張維安：感謝戴老師。客家跟福佬就是 HALO 啦，其實很有創意，福佬跟客家的各種關係，有衝突也有合作，接下來我們請張翰璧老師來分享。

到底誰是外省？客家人？閩南人？

張翰璧：從我曾編過的《扶桑花與家園想像》，跟我在眷村成長的生命經驗，談外省跟客家的族群互動。我在執行國家發展委員會「我國族群發展重要指標分析與運用規劃」計畫時，訪問了眾多學者，我們說臺灣有五大族群，如果要把這五大族群

都放在族群主流化的脈絡之下，請問學者們有什麼樣的建議？大多數學者的建議是，原住民、客家、閩南，它們是一個族群團體，似乎沒有太多需要討論的空間，可是大部分都傾向不把外省跟新住民這兩個團體當作一個族群，因為內部的異質性太高了。他們的語言、祖籍又不一樣，又怎麼會是同樣一群人呢？比如在裝甲師工作的外省人，但是他們的太太都來自不同族群，又都選擇了先生的族群身分，所以外省人是一個什麼樣的概念？

張翰璧

現任國立中央大學客家語文暨社會科學學系特聘教授、中央研究院人文社會科學研究中心合聘研究員。德國 Bielefeld 大學社會學博士。學術專長為族群與多元文化、性別與客家婦女、族群經濟、東南亞客家研究、客家族群產業等議題。著有《東南亞客家及其族群產業》、《東南亞女性婚姻移民與臺灣客家社會》等。近年研究聚焦東南亞和台三線的客家聚落，希望可以透過學科和跨地域的比較研究，建構族群關係、族群空間等概念。

眷村可以看出非常多的交織性。不同的軍種有不同的空間設計，每戶的空間規劃、籬笆、違建都不同。所以其實光是它的空間差異就很大。我的成長記憶更多是有關性別跟族群互動的經驗。外省媽媽在眷村裡面，通常有比較高的位階，加上先生的軍階、語言的優勢性。如果有婦女工作會，都是外省媽媽領頭，然後分配工作給不同族群的媽媽，但是原住民如果嫁到眷村，就幾乎沒有在婦女工作會裡面。

很多閩南籍、客家的媽媽，她們在姐妹的互動的過程中都會用自己的母語，但如果站在先生的角度上發言就會轉成華語，那個語言的使用切換非常快，她們清楚知道

她們是站在一個眷村工作者的位置、還是站在一個日常生活姊妹互動的位置。大家要推動國家政策時，她們也會站在先生的立場，告訴你什麼叫做親愛精誠的情操。所以很多人就會把眷村等同於藍、等同於統一的政治立場，可能是因為通婚的關係，再加上當時主流文化的影響，那這些嫁入眷村的女性，都很容易進入到先生的政治立場去發言。

我用的是日常生活文化再生產的一個過程去看眷村。外省人沒有祖產、沒有土地，只有一個職業，因為他沒有強大的家庭網絡，所以外省太太也沒有公婆要侍奉，才會有「不會種田的嫁給吃饅頭的」這樣的說法。也因此外省丈夫跟太太的娘家關係非常緊密。再來，外省太太必須要獨自教養小孩、主理家日常經濟。所以可以看到眷村的媽媽不是做手工就是織毛衣。也因為都是女性，鄰居間也會互相照應，小孩如果媽媽不在，就到鄰居家吃飯。也因為是跨族群的組成，所以我們都會吃到不同的飲食跟菜餚，食物在眷村的場域裡頭是相當多元的。客家媽媽當然也學會了做蔥油餅跟饅頭，可是就跟外省爸爸做出來的不一樣，他可能會加芋頭或熟悉的食材。還有性別化的家庭決策模式的改變。軍人基本上不會天天在家，大概都是一、兩個禮拜、或是一個月回來一次，所以女性扮演一個非常重要的角色，變成以女性為中心的家庭決策。甚至祭祀方面也是跟隨太太的信仰。日常生活裡，家庭中的文化再生產，包含飲食、性別、教育、穿著、祭祀行為跟價值觀，都在日常生活中被改變。

所以外省成不成為一個族群？我覺得這個是有很多討論空間的。可是至少在日常生活裡，它的文化早就跟臺灣的各個族群交織在一起，產生雙向的、跨界的、文化再生產的過程。我覺得這是臺灣文化非常珍貴的部分。我們日常生活的族群文化其實不是那麼的衝突、對立。通婚還有文化的相互影響，改變了這個族群邊界，到底誰是外省？客家人？誰是閩南人？如果要用文化來識別的話，其實有困難度，這些都

是經由社會互動的一個過程，然後把不同的思想、行為跟認同傳遞給下一代。

張維安：感謝翰璧老師，接下來有請陳鑁枚分享。

「你要用你的母語講話啊。」我的母語就是客家話

陳鑁枚：我來自馬來西亞，是客籍新住民，今年考到客語認證中高級，我看到新竹市有本土語言教學師資培訓，就去參加。拿到資格後就在一所學校教客家話。學生跟我說：「老師你講的客家話好像外國人。」我就跟他說：「我就是外國人啊！」

我出生於馬來西亞吉蘭丹州哥打峇魯市，一個坐落在東海岸的城市，從小就是聽著、說著客家話的阿妹，因為我的名字發音是「Ah Moi」，所以我當時很討厭這個名

陳鑁枚

多元文化講師、馬來語老師。國立陽明交通大學客家文化學院客家社會與文化碩士在職專班畢業。新住民發展基金管理委員。曾任馬來西亞籍外語導遊、新竹縣、市火炬計畫暨新住民樂學計畫課程講師。移民署通譯人員培訓結業。

字。直到我來了臺灣，覺得這是一個很好聽的名字。因為我們到馬來西亞長大都是用英文了，很洋化，所以這個名字也讓我思考自己對客家身分有什麼想法。後來我們舉家搬到怡保，怡保有很多廣東人，但我不會講廣東話，媽媽叫我去買東西，我還被攤販笑，我就這樣口吃了，下次只能遞一張紙條給他看我要買什麼。但是早年

一邊看港劇一邊學，現在我的廣東話比客家話好。

我在馬來西亞的父母都是客家人，婆婆是龍潭客家人，所以婆婆的客家語跟我很接近，公公是饒平，剛嫁進來時，我跟婆婆說：「歐卡桑，你一定要跟我講客家話，不然我沒機會講。」當中因為口音不同，所以鬧出蠻多客家笑話的，但我很感謝他們兩老一直跟我講客家話。因為我現在也是馬來語老師，常常被人說：「你要用你的母語講話啊。」但對我而言，我的母語就是客家

高雄山城食府，陳鑁枚與山城食品老闆及在臺馬來語教師合照。（照片提供／陳鑁枚）

話，馬來語是我的國語，我就是華人，所以我常常被寫成「母語老師」，我都會說是「馬來西亞語老師」。

公婆去世，我現在就跟我的老公和娘家姐妹們講客家語。住新竹的時候，鄰居是講海陸腔的客家人，我們兩個互相教學，這就是語言的刺激，看自己的心要不要保有這個語言。所以我也跟我孩子說，阿桑或是阿叔婆跟你講客家話，你也要講，這就是我的生活。

在學校，不只馬來西亞，也有來自東南亞，印尼、緬甸的同事，只要抓到機會，我們也會一直講客語、跟客語老師一起聊天，讓我有機會去發揮，雖然講得不好，但我盡量。我以前擔心臺灣客家人會說：「你講的我聽不懂。」也很感謝羅老師、校長、院長的鼓勵。為了跟客語續緣，我願意考客語認證，到交大讀客家學院。讀客家學院有個好處，幾年前跟羅老師回去馬來西亞，我回頭看馬來西亞的客家庄，覺得好熟悉，以前有那麼一段時間，我認為會廣東話很了不起，就忘了其實我們客家先民打拼留下的遺跡，應該要好好了解。我外婆的媽媽是一個人帶著小孩，單打獨鬥到馬來西亞開雜貨店，寄錢回去給中國的家人。她說這麼做的女性很少，通常都是男性，我才知道我家也有這樣的人，在那個年代做這麼勇敢的事。

最後引用臺師大楊聰榮教授說，「對新住民政策要從文化融合，而非教育管理角度出發，新住民才能為客家文化帶來新的發展能量。」新住民跟客家文化可以融合，我也是客家人，我也碰過新豐一帶的閩南人，嫁到客家家庭，他們也要學客家的一些東西，就要一代代下去，所以就像張老師說的，我們要想一個新的族群文化，沒有分彼此。我今天分享到這邊，謝謝大家。

張維安：謝謝鑲枚，剛剛說的客語在日常生活中的運用、傳承都很重要。

張翰璧、吳忻怡、曾意晶合著，《扶桑花與家園想像》，2011 年，臺北：群學。

霍斯陸曼・伐伐著，《玉山魂》，2006 年，臺北：印刻。

延伸
閱讀

《qmul rhzyal Tayal？開山打林？逆寫北臺灣客庄形成史》

羅烈師主編、羅烈師、陳龍田、梁廷毓、劉柳書琴、羅文君、Iban Nokan 合著，2022 年由國立陽明交通大學出版社出版。

書名由泰雅語「qmul rhzyal Tayal」（搶奪泰雅土地）、客語「開山打林」（開發山林）並列，表達揚棄漢人中心開發史觀，原客互為主體之意。本書包含北臺灣原客鄉鎮志與相關公開文字資料之分析；桃園、新竹沿山地區泰雅部落的原漢族群互動記憶與內橫屏山隘勇線的抵抗記憶；新竹尖石旮旯牌聚落及三峽泰雅族大豹社群的空間聚落研究。藉由逆寫方式，反思在眾多以客家為主體的地方論述中，如何重新定義原住民。全書收有六篇文章。

大學客家社的現在進行式

時　　間：2022 年 7 月 23 日（六）14:00 至 16:00
地　　點：左轉有書（臺北市中正區鎮江街 3-1 號）
召 集 人：
　　　　張 維 安／國立陽明交通大學人文與社會科學研究中心研究員
與 談 人：
　　　　李 沅 臻／國立臺灣大學客家研究社前任社長、講客廣播電臺《僑僑愛後生》節目主持
　　　　森下啟慈／國立成功大學客家社社長
　　　　黃 脩 閔／國立臺灣大學客家研究社現任社長
　　　　黃 玉 晴／國立成功大學客家社前指導老師
記錄整理：張簡敏希
攝　　影：汪 正 翔

張維安：在客家文化的推廣中，大學年輕學子是否對客家感興趣是很重要的議題。今年七月九日，洪馨蘭教授召集語言沙龍，討論「那一代的客家青年走出校園之後」，接著就輪到你們了。以前大學客家社曾非常普遍，比如洪馨蘭老師參加清華新客社，師大的劉慧真老師，臺大的張正揚、吳錦勳先生，另外政大、臺科大、東海、成大等都有。今天邀請臺灣北部與南部最好的兩所大學：臺大、成大來分享。李沅臻是臺大客家社前社長，也是講客廣播電臺節目主持人；黃脩閔是現任臺大客家社社長；森下啟慈是日本人，是成大客家社社長；黃玉晴老師是成大客家社的指導老師。先請兩位現任社長介紹現在社團的經營情況。

這些都是國家語言，看久就會了

黃脩閔：我是桃園埔心的客家人，正在念臺大法律研究所，因為對客家文化及語言的關心，所以同時在讀中央大學客家社會文化碩士班。我自2020年開始當社長，初到臺大時不知道有客家社，也沒在NTU交流版和社團博覽會上看到。後來我在臺大《意識報》從記者當到主編，發現我從未在臺大聽到誰說自己是客家人或說客語，所以我們做了一個專題叫「客家在臺大」，其中一篇是訪問臺大客家社，因而認識了沅臻。訪問時我才知道當初有

黃脩閔

國立臺灣大學客家研究社社長。國立臺灣大學法律學系畢業，目前同時就讀國立臺灣大學法律研究所公法組與國立中央大學客家社會文化研究所一年級。自國中通過客語能力認證四縣腔中高級測驗，深感於本土語言流失的速度，積極參與臺灣大學推廣本土語言的「灣流音樂祭」。

很多人參加客家社，還我母語運動後有很多人站出來，一開始是臺語文社，它容納了客語與河洛語，1991年3月客家社正式創立。我曾問沅臻對未來的打算，他說希望我去當社長，所以我卸下主編的職務後，就加入客家社當社長。剛接手客家社時，只有我一個人，現在群組裡有很多人，臺大人約有十幾個，也有來自其他地方的。

臺大學生會有選委會，由學生自主，選舉公報本來只有華語，後來選委會邀請我們寫客語的選舉公報、告示，之後兩年客語的選舉公報都是客家社做的，我們的社員也能藉此練習翻譯，我們覺得語言景觀是很重要的。過程中也有遇到困難，起初在NTU交流版有人質疑為何要有其他語言？我們的解釋是這些都是國家語言，看久就會了。接著學生會想做本土語言的臺大校園地圖，我們做了五個腔調的客語版，有海報也有電子檔，找了中央大學客家學院的學生一起幫忙。我們還參加臺灣客家教師協會辦的「還我母語運動座談會」，從中更深入的了解推廣還我母語運動時的歷程。

另外我們有辦「本土語言意識講座」，雖然國家語言發展法通過了，但大家對它不了解，所以邀請臺灣母語聯盟祕書長來告訴我們，這個法的來龍去脈，也邀請客語薪傳師教我們學客語的方法。我們在活動中有討論到一個議題，客家人好像已習慣有客委會、客傳會的幫忙，我們的自主性降低，一定要有政策的鼓勵才想做。母語聯盟的理事告訴我們，河洛語沒有專門的政府單位在推廣，民間的力量卻很多，但客家民間的力量較不足，我們也這樣認為，大家起初會學客語，是因為參加語言考試有錢拿，這些政策的好處是讓人跨出學習的第一步，但要反省的是若我們沒有政策性的鼓勵還要做嗎？另一個講座是邀羅烈師老師來講「臺北客家人」，我們發現客家社的社員多是在客庄長大，雙北的人較少，尤其臺大學生大部分來自雙北，因為階級的複製或資源較充足，但我們找不到臺北客家人，是否隱形的情況真的存在？

羅老師說臺北的客家人很多集中在古亭、通化街，他分析不同的模式、居住型態、從事的工作，我們才知道原來很多臺北的客家人從清治、日治時期，就從桃竹苗搬來。講座中也有人提到除了搭乘大眾交通工具外，很難聽到客語，我到臺北念書後都沒機會練習，客語是在臺北退步的，所以大家都在思考都會的客家如何推廣？

客委會有客家文化重點發展區，2022年6月公布報告，我發現這70個客家文化重點發展區大都是鄉村型市鎮，沒幫都會的客家推廣。此外，客家文化公園在臺大博雅教學館辦展覽，我們主動在粉專幫忙宣傳，這次的主題是討論客家詞彙中的性別意涵，我們請社員看完後寫心得再貼上粉專，後來我們被邀請參與客家社和文化公園的座談會，我們有跟臺北市政府客家事務委員會主委討論，能在公共場域看到客家字、詞彙、文化的重要性。我們也會練習用客家字寫心得，看到粉專的人就會知道客家是有文字的。我跟社員孟吾有去參加講客廣播電臺的節目，孟吾說她爸爸有參加客家社線上的講座，她爸爸是從新竹到臺北工作的客家人，孟吾參加客家社後，跟阿婆與爸爸有更多話題能聊，寫選舉公報時，若遇到不會的字她會問阿婆。我們希望社員能做想做的事，並自主性的去找資源。

跨越文化的連結，客家精神的魅力

森下啟慈：大家好！我是國立成功大學客家社社長森下啟慈，我不是客家人，我是日本人，就讀政治系四年級，希望有機會能多交流文化、語言、客家精神。我高中畢業後，來臺灣讀語言學校，然後進入成功大學。我沒有客家血統，是本土的日本人，所以對客家很陌生，來臺灣後才知道這裡有很多族群。我是從書中認識客家人的文化與人物，因為我讀政治系，發現不少有名的政治人物都是客家人，客家人很有行動力、很值得學習。我看到書中描述客家人是「東方的猶太人」，很好奇為什麼

客家人一直被壓迫，還能那麼強硬的活下來？

我進入大學前曾去中國，看過客家土樓，也認識了客籍的同學，他們的父母都講客語，對日本人來說很奇特，因為沒經歷過父母，或祖父母的語言跟自己講的語言不同。我因為想學道地的文化，而決定加入客家社。加入時，大家都是客家人，我就比較尷尬，但學長姊都很熱情的教我客語。我們是綜合性的社團，不是研究性質的，我們偏向文化及語言學習，客家社的目標是交流、分享彼此對文化間的認知及經驗，多元學習傳統與當代客家文化、語言風俗，主要任務是讓成大師生親近客家文化、讓學生走入客家學區，希望可以發揮客家的文化教育、汲取傳統客家能力。

森下啟慈

國立成功大學客家社社長，目前就讀於國立成功大學政治學系。土生土長的日本人。自歷史中發現客家人聰明又具行動力，透過客家土樓認識客家文化，之後開始對客家文化產生興趣，剛好在大學社團博覽會看到客家社，決定加入，從零學起客語。

我們的社課多在學客語，教客語的老師是苗栗客家人，講四縣腔，他會幫我們介紹其他腔調的差異，但只學客語無法吸引其他人，且每個人客語能力不同，因此除了學客語外，我還設定了交流、討論的空間，讓社員輪流帶領討論。其他還有戶外活動，我們基本上每個學期都會去客庄認識客家文化，也辦演講。我們這學期的目標

是：透過念文章學客語、自主研究與討論、體驗客家文化，讓大家開心參與社課。我們也沒規定收社費，但繳社費者有活動的優惠。我們去年有去臺東客家文化園區，以客語演出布袋戲。

想把母語撿回來，或是想試著學客語

李沉臻：我是臺大客家社2019年至2020年的社長，我是花蓮玉里人。高中時來臺北讀建國中學，當時兩個年級約2,000多名學生，不過學校要辦客家演講比賽時，只有我一個人參加。臺大有許多外縣市的學生，但在臺北有客家環境並會講客語的年輕人很少。在NTU臺大交流版常能看到客家的訊息，例如有人會推薦附近的客家菜，另外當有人在貼文中笑客家人很節省時，留言區就會有很多人標記自己的客家同學，留言可能有幾百個，就知道臺大其實有很多客家人。

李沉臻

現任講客廣播電臺《儕儕愛後生》節目主持。國立臺灣大學戲劇學系畢業。通過客語能力認證中高級及教育部閩南語能力認證高級。曾執導臺北藝穗節《肉半女子》，演出齊聚一堂劇團《阿婆的味緒菜譜》。

2018年時，我看到一篇語言交換的貼文，有位德國人想學客家話，於是我寄信給他，並讓他得到這個教學機會，他學客語是因為他去中國當交換生時，交到客籍女友，所以他來臺灣後就開始學客語，但他女友是江西客家人，不知道是否聽得懂我

們的客語？我在認識這位德國朋友後才知道有客家社，因為他找了兩、三位客語老師，並在回國前請大家吃飯，他請的另一位老師是客家社社長，前社長在研究所畢業前要我接下客家社。臺大客家社的運氣很好，因為它每次都能找到一個人當「人頭社長」，每任社長又能當兩到三年，只需每年寫資料，將這個社團維持下去。臺大的學生活動組有位陳組長，他長年在臺大的行政單位工作，很關心客家事務，他說我很忙沒關係，只要每年資料寫好交來就好，留得青山在，不怕沒柴燒。我會在社課時開客語課，很意外的是喜歡學語言的人還不少，會來的人分成兩種：一是生在客家家庭，想把母語撿回來，二是對本土文化有興趣的人，也有社員河洛語講得很好，想試著學客語。

我既然投身客家研究，應該做點事

黃玉晴：我也在花蓮玉里長大，從中央大學客家社會文化所畢業，接著在成功大學攻讀臺灣文學博士。成功大學客家研究中心早在 2003 年成立，我 2014 年在成大念臺文，是為了想完成全國第一本以客家文學為主題的博士學位論文，當時聽到成大客家研究中心可能要關了，我既然投身客家研究，應該做點事，讓學校看到客家研究中心在學校的價值。

我在成大參與開設客家文化導論課，每學期固定都有 80 位同學前來修課，隨著每學期的結束，無法得知同學修課後的反應與未來發展，所以我開始邀請修課同學來幫忙，籌備辦理全校性的客家週，讓大家知道成大有客家研究中心，也讓同學們在課堂之外，能有實際接觸到客家文化的經驗。2017 年是首屆客家週，學校處室、客家教授支持，市府派代表來致賀，臺南市的客家社團分別贊助。因為首屆成大客家週的成功，促使這些擔任活動的志工同學在隔年 2018 年成立了客家社，而社團一開始

的籌組，是受到臺南在地客家鄉親贊助的，第二屆成大客家週開始加入客家社的協辦，活動內容有學生唸客家三行詩、演客家布袋戲，接著學校開始派記者來了解，並且有了媒體報導。

我邀請了很多臺南客家企業家來演講，感謝他們持續贊助客家社和客家之夜的活動，後來開始想要辦理全國性的成大客家文學獎，邀請各大學的在校生投稿，當時我們也跟客委會申請但沒得到補助，最後得到北美客家協會的贊助。一步步

黃玉晴

國立中央大學客家社會文化所碩士、國立成功大學臺灣文學系博士，專長為客家文學、臺灣史。於成功大學教授客家文化導論課，鼓勵學生成立客家社，讓有心認識客家文化的成大人可以透過定期聚會，對族群自身多一分認識。

走到能辦客家展覽，協助單位也愈來愈多，甚至擴大將成大客家週結合巡迴展，我們把場地拉到臺東客家文化園區，希望能藉這個機會介紹真正屬於客家的內容，我們發現有很多客家館，放的多是藝術展品，未必是客家文化的內容。我以前在南臺科大的學生，他老家在苗栗，客語說得很標準，而我因為講「四海腔」，所以我自己不敢教，就請畢業的學生來客家社擔任客語小老師，我則教文化的部分。有位退休教授溫紹炳，也是前中心主任，致力推廣客家八音，當學生演布袋戲時，協助鑼鼓打擊伴奏和教學。

另外也帶學生玩創意、學雷射雕刻做文創品，並帶大家動腦思考行銷客家的商業模式。我們布袋戲的偶頭是用黏土捏的，並以文學作品《大目伯母送信仔》當文本演

出，這是客家安徒生張捷明的作品，學生演出後為自己取名為「成客劇團」，記者報導後，被很多人看見。我們當時的文化體驗課，讓許多非客籍的同學，甚至是外國學生有興趣加入客家社，後來我們就挑戰在成大最大的500人表演廳演出，除了演《大目伯母送信仔》外，客家社成員還搭配布袋戲，以真人客語舞臺劇演出，向臺灣第一部客語電影《茶山情歌》致意，從做偶頭到挑戰演出，幫助學生建立說母語的自信心。其實熱鬧活動之餘，我很早就開始舉辦全校性客家靜態展的想法，例如藉展讓大家認識客家八音的樂器、六堆等，也謝謝客家社學生的支持，他們會自動輪流排班顧展，一開始在走廊、地下室擺攤可能寂寞，後來成大博物館提供我們一整

2022年4月，成功大學的成大客家社邀請鍾秀梅演講。（照片提供／森下啟慈）

個展間，籌劃詔安客家的主題展，同時首次能在博物館演出客家八音、舞蹈和客語布袋戲，甚至在博物館前廣場每週六都有演出，吸引蠻多民眾觀賞，搭配客家展覽還訓練博物館志工協助用華語、客語、英語為參觀民眾導覽。

我們遊臺南客庄，邀請臺南的客家鄉親一同參加，像在臺南白河有很多客家人，但都已經不會講客語，知道我們要過去都非常熱情。之後還去六堆、臺中認識臺灣不同地區的客家，潭子摘星山莊是客家人的房屋，文化部當時有一個計畫，希望這裡有客語導覽，我們就培養學生做這件事，後來同樣在桃園南崁兒童藝術村也有協助培訓客語導覽的機會，鼓勵學生參加，並且帶了一車臺南鄉親前往聆聽客語導覽成果，希望藉實務加強學生說客語的動力。每年的府城客家日，是臺南各大客家社團的盛事，帶學生前往參加，並與鄉親彼此認識，大家也很欣慰有成大客家社年輕一輩的加入。目前成大客家研究中心於去年正式熄燈，我也不再擔任社團指導老師，由客家研究中心帶領客家社辦活動的模式，已成為歷史並告一段落，如今成大客家社需要靠學生自己招生、經營，若無法得到足夠的支持，很多活動就不再辦理，例如客家週、客家文學獎等。

張維安：現在在大學內，要經營客家社有困難，但也有很多發展機會，我們請大家分享一下目前的心得與未來的經營方向。

如何讓大家的生活經驗、情感保存下來

黃脩閔：很多長輩不知道客家青年的想法，我們就請社員寫客家的經驗與心聲，全都是匿名的，我分享幾個：第一位同學寫說，他發現愈來愈少年輕人會說客語，他很想提醒身旁的人，但意識到社會上的其他人並沒有這麼憂慮，因而開始思考在日

常生活中，會講客語有何意義？若沒使用的機會，是否就沒意義？但這承載著文化的認同。這些話題都很沉重，好像無能為力，所以透過「寫」的力量，將客家青年遇到的困難被陳述；第二位同學說自己會接觸客語是因為參加學校的客語比賽，他發現桃園市這麼多客家人，卻找不到聽得懂客語的老師，且老師無法給予實際的幫助，所以他從小對客語的印象是不被重視、不實用的；還有同學提到他認為語言不一定要因為實用才能存在，如臺大客家社若能用共通語言、文化討論，從語言方面認識客家文化，對了解一個語言、文化與認同是很重要的；也有人說客家認同不會讓你在臺大顯得與眾不同，但當聽到有人在臺北以客語溝通時，會有一種熟悉感，另外當他聽到妹妹在本土語言課時，不想選客語，會感到難過，所以他認為在臺大客家社能討論這些問題很重要。

我自己在經營客家社時遇到的困難是招生，若沒說客語，無法分辨誰是客家人，且臺大有臺語文社、原聲帶社、客家研究社，相較之下，客語族群與其他族群沒有明顯的差異，且族群認同對大學生而言不這麼重要，加上客語消逝的情況很嚴重，不會說客語的人對族群認同就會較低，因而不想參加客家社。此外，大家的客語能力、腔調不同，我們只能鼓勵慢慢說，說華語也行，我當然希望這是一個友善的環境，但又覺得若連客家社都沒辦法以客語溝通，我們要期待客語在什麼樣的環境出現？客家社應該要慢慢培養大家多說客語，不過我會把這樣的想法壓下來，並強調加入客家社沒義務也不用錢，不讓大家有壓力，所以很多事只能是自願性的，才能將人留下來，每個人加入社團的考量不同，我不想強迫大家。因為疫情，大家較願意參加線上活動，雖然營運上遇到很多困難，但我還是有遇到機會，至少有社團、粉專在運作，我們會定期在群組討論客家事務，如上週我看到老師在推動手機應該要有客家字、河洛字輸入法，並發起連署活動，我們就能共同討論和參與。因為我已考過國考，比較有時間，下學期希望有定期的社課，或能邀請以前客家社的成

員，回來分享他們的想法，我看到「參詳・當代文藝客家沙龍」有邀請創社社長，若能有個交流會，不同世代的人能來聊聊，對我們這世代會很有幫助、會被鼓勵。方才黃老師提到成大有客家研究中心，我們寫專題時，發現臺大本來也有，後來也關閉了。最後，如果大家有臺大的朋友正好是客家人，或不是客家人但對客家有興趣，也能加入我們的社團，希望下學期能發展較定期的活動，把大家的團結找回來。

張維安：臺大客家社的粉專其實很有影響力，各種資訊、消息都能達到傳播的效果，無形中影響很大。

森下啟慈：我們目前面臨的問題是招生與社課內容，之前老師一直辦活動，讓很多人參加，但我大一進來時遇到疫情，基本上無法辦活動，社團博覽會也是線上舉行，效率很低，與新生交流的機會很少。通常第一次社課，有幾個人會來，第二、第三次慢慢變少，可能是因為前社長想以學客語為主，可是客語能力不一，會講客語的人之後就不來了，或是比如老師教我客語時，常需要幫我修正發音，當下其他人沒事做，因此大家無法一起參與。我想改變社課的方式，想辦活動或文化學習，但若事務繁忙，幹部就會變少，推行上也很困難。臺南有成立客家委員會，我希望能跟他們聯絡，在部分活動中成為協辦單位。

李沅臻：我覺得客語的推廣，政府的誘因還是很重要，因為我們不可能一直用情緒勒索的方式推廣，若政府真的覺得客語很重要，政策應該要走在前面，讓我們有方向。「客家」對很多人來說是票房毒藥，我到現在還不是很習慣說自己是客家青年，我相信比起「客家」這個招牌，我們應該更重視如何讓大家的生活經驗、情感保存下來。客家社很族群性，可能大家很害怕參與，或許未來有機會，能將客家的元素提出來，在美食社、電影社等被討論，讓客家相關事務融入各個社團或社課中。

參詳會後合照，左起：李沅臻、黃脩閔、張維安、森下啟慈、黃玉晴。

黃玉晴：首先我會思考是客家社還是客語社？過去社團的活動內容很多元，社員的來源也很多元，第四任社長表達前來參加社團，主要希望學習客語，並不想辦這麼多活動，尊重他的意願，我漸漸就沒有辦那麼多了。最初的想法是透過活動，讓學生有動機學客語，但如果理念不同還是要讓學生自己去嘗試並承擔後果，社員原先還有社區民眾、他校客家學生的參與，逐漸只剩下兩位成大學生。另外我們原本計畫可青銀共學客語，邀請客家鄉親一同出遊，他們會在車上說客語，學生能多聽、多說，藉此學習新的詞彙，但社長向我反應，他們只想跟同輩的年輕人一起出去玩，可是鄉親不來，連同活動、出遊的贊助也會跟著沒有。最後我檢討過去客家研究中心協助客委會、文化部、臺南市政府等單位執行計畫，將經費補助予客家社，

他們就享有資源贊助，不論在設備各方面，其他學生社團未必都有自己的社服、旗桿、旗子等財產，會不會因此讓學生覺得這些都是理所當然的，反而剝奪了他們練習的機會？

張維安：現代年輕人其實有很多的反省和想法，也有很多想做的事，認為這麼重要的事，這些大人怎麼不做？怎麼做不出來？我在想我們怎麼把這些有理想的年輕人集結起來？每個學校的社團有自己經營的方式，今天聽到兩間學校的客家研究中心都關了，是很難過的，臺灣其實還有超過20個客家研究中心在大學內。此外如玉晴老師說的，客家社不一定是客語社，能更多元。其實臺北與新北約有一百萬個客家人，他們的下一代也有蠻強的客家意識，但在校園內看不到，可能因為大家都很忙，因此如何召喚這些人參與客家，這是一個課題。另外，臺北有這麼多大學，是否能有跨校的機會選擇社團？也請廖美玲處長可以回應一下。

廖美玲：讓客家青年參與客家事務很不容易，政府有相關的政策在推動，不過政策推動的過程，需要知識分子們共同關心並發想創意，因此政策如何與大學客家社合作、倡議？如客語輸入法不夠完備，我們如何透過年輕人的聲音，讓程式設計、新創事業的人來關心？

張維安：沅臻剛剛有說，客家的東西要能進入其他社團中，如新聞社也能有客家觀點，但如何進入是有困難的，就像客語節目都在客家電視臺，其他電視台都沒有，這也不是我們願意的，我們當然會希望其他電視臺能提供屬於族群的空間。我認為臺大與成大，是北部與南部最重要的兩間學校，客家社一定要能延續下去，若遇到困難，我們能一起討論如何變得更好。

黃玉晴：我希望成大客家社也至少能找到一位參與者，不是客家人也沒關係，只要有這個心，像森下啟慈就很有心，只是可能會遇到資源不足的問題，不知道怎麼做。無論你想做什麼，老師都會幫忙，但學生也要能學習自主。

黃脩閔：母語輸入法的問題，我覺得剛剛處長說得很好，也許我們能發個聲明，讓更多人知道我們的需求。老師提到為何有客家社、客委會、客家電視後，客家事務變得無法落實族群主流化，我們的社團或許也能與其他社團串聯，如去年臺大濁水溪社在討論客庄的問題，主題是農庄生活，就有邀請客家社社員，我覺得這樣很好。

延伸
閱讀

四海腔

臺灣客語中的四縣腔與海陸腔是最多客家人使用的腔調，四縣腔亦分為北四縣、南四縣，此外還有大埔、饒平、詔安、永定、長樂等，合稱「四海永樂大平安」。而四海腔／四海話是指四縣腔與海陸腔相互接觸、影響後形成的混合型客語，形成於四縣客家人和海陸客家人共同居住、生活的區域，在花東地區最為普遍。四海腔客語的特點包含聲母與韻母的重新組合（海陸聲母加四縣韻母，或四縣聲母加海陸韻母），以及四縣腔與海陸腔詞彙並用、夾雜使用或產生合璧詞。（照片提供／客家委員會）

語言保存與
推廣的前線力量

「客語」或許是當代最鮮明、甚至唯一具明顯辨識性的客家文化特徵，然而它卻正面臨嚴峻的存亡關鍵時刻。我希冀從不同領域與世代的多元觀點，擴大差異性地來思考這個問題的解讀和因應策略。過去客語受「國語政策」限縮為家戶內語言，再因社會變遷流失了透過家庭傳承的比例，造成不少客家子弟自小不會說客語，也對客語和文化十分陌生，至今這個語言縱使以母語為名，但實際上已是類「第二語言」般地進入校園與國教課程。

然而多年來客語沉浸式教學面對客庄語言生態難以力挽狂瀾，緊接有識者嘗試以客華雙、多語教學實驗，繼續衝撞困局，目的希望客家下一代有機會成為多語世代，而客語也能躋身主流教學語言「之一」。部分客家子弟在客語習得過程中，揹負著沉重包袱，需要經過一趟「自我之旅」才能獲得療癒及重啟客語與客家認同模式。這種挫折和30年前的學長姊們很不同，那些曾在早期大學客家社創辦時期的參與者，吐露在解嚴後對客語的重新拾得，有著對政治結構壓迫的反抗，現在客家子弟對抗的則多是社會對客家的刻板印象或微攻擊、微歧視（microaggression）。

過去經驗呈現出刻意習得語言是必須配合著自主動機，而我們發現動機和能動性往往需要中生代、長者以身教帶著他們，一起生活在客語文化時空。面對數位時代更多強勢語言的叩門挑戰，我們對於客語內部發生變異也許得某種程度地選擇性開放，搭起橋梁將世代的語言斷裂重新銜接起來。一個語言就是一整個族群心靈的資料庫；期待從現在的努力開始，未來下一代可以用客語認識世界，世界也能因客語而認識客家。

召集人　洪馨蘭

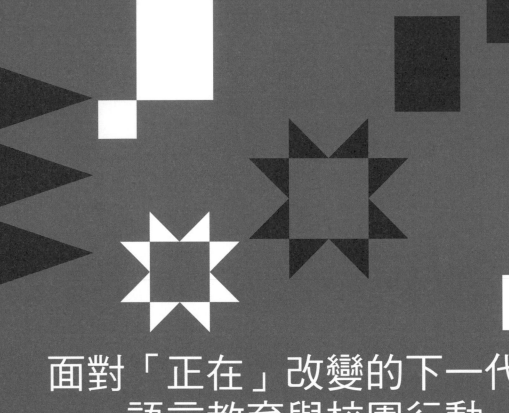

面對「正在」改變的下一代 ——語言教育與校園行動

時　　間：2021 年 11 月 13 日（六）14:00 至 16:00
地　　點：左轉有書（臺北市中正區鎮江街 3-1 號）
召 集 人：
　　　　　洪 馨 蘭／國立高雄師範大學客家文化所副教授
與 談 人：
　　　　　劉 家 宏／高雄美濃區吉東國小校長
　　　　　蔣 絜 安／世界臺灣客家聯合會理事長
　　　　　鍾 鎮 城／國立高雄師範大學華語文教學所教授
記錄整理：葉 儀 萱
攝　　影：汪 正 翔

鍾永豐：現在的語言教育在客家復
育工作裡面是最重要、也最讓人挫
折的。特別邀請馨蘭擔任召集人，
跟來自不同工作單位的三位老師：
鍾老師、劉老師、還有絜安，一起
商量。期待四位老師分享目前客語
教育前線的可能性。

洪馨蘭：學校可以為下一代創造什
麼樣的客語環境？是否沉浸式教
育的推動在小學階段有些策略必須
改變？今天請三位來賓一起談談，
在校園跟教育行動裡看到什麼、做
了什麼。高雄師範大學的鍾鎮城教
授、高雄市美濃區吉東國小劉家宏
校長、以及在桃園地區推廣客家事
務、客家政策的蔣絜安理事長，請
他們針對客語教育提供教育現場實
踐的觀點。以下先請鍾教授。

宣告死亡的語言，復振與方向

鍾鎮城：我在2013年開始在美濃做
客語的復振，隔年開始推動客華的

洪
馨
蘭

國立清華大學人類學博士，現為國立高雄師範大學客家文
化研究所副教授、客家委員會委員、公共電視文化事業基
金會第七屆董事、公共電視第四屆客家電視台諮議委員會
暨副召集人。參與客家農村文化記錄與保存、成人共學教
育平臺與協力等工作。學術興趣包括鄉民社會發展變遷、
社區營造與公民參與、傳統社會結構適應與再現等議題。

雙語教育，三年前至今，再加上數位、英文，所以有客華雙語教育、也有數位客語教學。有很多種方式可以選擇，也因為每間學校的能量都不同，要一起想辦法開發適合學習語言的方式。我給這次的講題是「共下添手」（一起幫忙），做語言復振沒辦法靠一個人，要靠一群人。

美濃的人口數，因出生人口越來越少，再加上高齡化，到最後語言復振是被人口數打敗，變成歷史上的知識跟文物，所以要想辦法解決人口問題。美濃九成都有客家血統，但以小學家庭語言現況調查（2013年）為例，因為少子化，149位小學三年級生中只有四分之一有兄弟姊妹，其中有 1.33% 用客語對話。而 2020 年國中生有兄弟姊妹、使用客語為唯一溝通語言的比率是零，語言復振還沒開始就已經宣告死亡了。

鍾鎮城

美國亞歷桑納大學語言、閱讀與文化所博士，現為國立高雄師範大學華語文教學研究所教授。首創客華雙語教育，推動客語復振，在國中小階段成功止住客語流失率，故鄉美濃因此成為目前全國最獨特的全區雙語教育基地。著有論文《「還是中介語嗎」：華語雙語習得場域裡的理論典範探究》等，主編《第二語言習得與教學》等。

客語寄存在客華使用中，不用只講客家話，客家話跟華語、英語、福佬話，不同的語言要一起出來。語言復振的概念要從客語單語改成客華雙語。再來，新竹竹北、

桃園新屋的總人口數是正成長，苗栗獅潭鄉是負成長，但客語人口比例在桃園跟新竹卻是下降的，地方的語言復振正在被人口數抵銷，人口棲地改變，語言生態也在變動，語言政策要隨之調整。

臺灣的國小50人以下的有18%，100人以下的有38.6%，大部分要復振語言的都是小型學校，但人口數實在太小，沒有集合學校去做全區規劃一定會失敗。根據美濃的調查，每班最少有四種不同程度的客語認證，所以每班客語能力都不同。再另一種情況，在聽力、閱讀、口語方面，每年口語能力的增長率都是最低的，四、五、六、七年級生的客語水平級距是相同的，我在2015年提出一項長年觀察的結果：「美濃地區孩子客語能力的終生頂點是四年級。」如果沒有做任何改變，那會很恐怖！

如何改變？將在地語言跟通用語言結合，做客華雙語。從雙語概念去改變語言棲地的現象，讓客語連結本族、華語溝通各族群、英語連結外在世界。下一代不是只會講客語的人，也要能夠流利使用客語、溝通族群差異、連結世界多元性。而現在孩子大部分的時間都會跟數位連結，所以數位領域如何帶進來啟動語言生態？溝通的語種有沒有客家概念？就是下一個艱鉅任務。美濃全區的規劃，有四種雙語教育方式給學校選擇，每個學校的生態、教育能量情況都不同，可根據不同地域調整教學。

洪馨蘭：了解語言復育的現場執行，有許多挑戰與困難，直到現在「雙語」概念被提了出來，有別於以往獨尊單語的想法。目前客華雙語實驗發現八年做下來，客語流失似乎有緩下來。所以接下來邀請客家人文實驗教育的吉東國小劉校長，分享學校如何從事客家文化教育？而客語的傳承、實驗教學的情況如何？

傳客，創客，美客，實驗教育的踐行

劉家宏：我是不會講客家話的客家人，因此更知道非客語使用者的心理處境。當看到鍾教授的數據，美濃孩子在發話跟受話使用客語的比例只有1.1%。那時候的口號「『客』不容緩，『吉客』救援」。什麼能代表客家？客家話最代表客家。引用鍾肇政的一句話：「客家話一旦消失，客家人也就消失。」我當時問洪馨蘭教授，客家話的重要性是什麼？她說，一群講客家話的人叫客家人，一群講客家話的人所創造的文化就是客家文化。《想像的共同體》它說共同體連結的關鍵是語言，而不是血緣，所以客家話如果消失，客家人也就消失。

被教導成功就是出走，有本事就不要回來，離家、離鄉、又離農，認為這些美好事物的失去不是災難。「孩子，你要比我更強，未來就交給你了。」可明明語言的斷裂跟失

劉家宏

高雄市美濃區吉東國民小學校長。成立全國第一所客家實驗小學，擔任吉東客家人文實驗學校計畫主持人，曾獲教育部閱讀磐石獎、客委會「推動客語教學語言獎勵」績優學校及績優校長。

落是我們這一代發生，怎麼可以讓下一代彌補？所以就有實驗教育的展開。定位目標是先能夠自我認同，追求社會公平跟族群和諧，長期目標是豐厚客家價值內涵，有三個教學理念，「傳客，以語言跟文化為基礎」；「創客，成為一個有創意的客家人，可以自信展能，創意飛揚」；「美客，美麗多元，全球移動」。客家是移動的民族，應該是多元的，在客家知識的整合過程中，有四套課程：傳客是傳承我們的語言跟文化；創客是新的知識，結合當代STEM教育；美客是聆聽土地的聲音；行客展現我們行動的力量。

實驗教育好處是不受課綱規範，分成基本能力的培養和客家主題的課程。客家主題課程的節數大於基本能力課程，變成四套客家主題的課程，把客家元素和內涵轉化成學習素材。如結合美濃的伯公信仰，祈福後將香灰做成釉料，把釉料跟陶盤結合，就可以保佑學生。在鍾理和作品中也看到一些方向，〈山火〉，有信仰、敬仰文化、飲食料理，或是環保理念。〈登北大武山記〉，跟著腳步爬上北大武山，沉浸在客家氛圍裡。以往是籠中鳥，第一次有機會用自己的姿勢來飛翔。「一個人做的夢，就只能是個夢；一群人懷著同一個夢想，便是真實。」。

洪馨蘭：這是臺灣第一所客語人文實驗的學校，也希望繼續帶動其他地區。接著請絜安分享一下，因為對桃園的校園狀況較清楚，評估客華雙語實驗能不能走出美濃到其他地方實踐呢？

更有力的推手，政府與學校

蔣絜安：2011年到2018年，桃園市的客家人口在我剛上任時約有79萬，到三年半後離開時有8、90萬，表示客家認同不斷成長。客家族群在過去逐漸「隱形化」，桃園

客家人口約占四成，因此桃園客家有重要指標意義，是全國最多客家人口的縣市。有客語學校、保母，說故事比賽，同時開始鼓勵學校辦理客家社團，戶外課程、薪傳師、傳習班，桃園薪傳師開班數是客委會規定的兩倍，投注經費推動客語教學。客家桐花祭，幼稚園跟低年級國小學生桐花唸謠大賽，114線主題遊學，以學校為中心，把客家特色與社區知識結合起來，親子一起學習，了解歷史文化。開創一年超過50場的遊學活動，逾2,000人次，過程中加深客家認同。

為了鼓勵孩子，把動畫重新配音。四縣腔和海陸腔，可以針對不同腔調觀賞。2015年推動客語沉浸式教學，初期約450位學童，邀請高師大團隊輔導。起初是聯合大學客家學院，但他們沒有幼兒教育專業，改由新生醫護專科學校，但他們又

蔣絜安

國立中央大學客家學院社會科學、國立臺灣大學國家發展雙碩士，國立中央大學客家學院客家研究博士班，現任世界臺灣客家聯合會理事長、桃園市客家青年會榮譽創會長。曾為國際拼布藝術家、桃園市客家事務局首任局長、中廣新聞主播、華視記者、民視《有閒來寮》主持人。立法院第九屆不分區立委。致力推動客家文化。曾獲客委會一等客家事務專業獎章。

沒有客語專業，還有委託以傳承客家語言為主的中央大學，進行薪傳師的培訓，可是一樣缺少教育專業。即使如此，各方面都還是在努力推動。

我到立法院擔任立委後，注意到立法院有關客家語言的法條，都是根據過去第一線實務經驗，提供《國家語言發展法》的訂定方向、協助〈財團法人客家公共傳播基金會設置條例〉立法、講客電臺的設立，後來是〈國家語言中心設置條例〉，但胎死腹中。客家基本法本要成立語言中心，但目前已死。我的立法精神是國家語言（本土語言）師資培訓法修正案，不管是客家話、閩南語、原住民語，讓教授語言的老師納有正式的科別，納入師資正軌體系。

要鼓勵年輕人接觸客語，政府要有公費生的制度，立法院舉辦客家語言相關公聽會，要求政府重視，國家語言跟國際語言同等重要。楊主委上任後將客語事務從科提升為處的層級。客語成為國家語言後，「客家語言發展法」草案的提出，含括中央和地方行政機關明確的推動方針、獎勵措施、升學加分及公共傳播媒體的宣揚，提升客語使用榮譽感，並制定「罰則」，我認為那有一種象徵意義。

「母語」包括客語、閩南語及原住民族語等的主管機關為各直屬中央部會，建議成立「國家語言發展中心」，統籌母語發展的資源和政策，如此，「母語」和「外語」才會均衡發展。在正規課程中，以「客華雙語」發展「客華英多語」等，結合數位學習，培養具多語能力的孩子。地方政府或民間機構設立的「客語發展首長」，應以客籍人士或會使用流利客語為前提。目前中央客家專責政務官和民意代表名額比例過少，甚至欠缺客家代表性。最後，客語發展應比照加拿大等國家，中央應設「語言監察使」，獨立超然，對外可代表政府參與少數語言國際組織，讓母語復振提升層級，亦推動國際外交。

洪馨蘭：提升到國家層次來說，就是要去促進制度化。接下來我想請問鍾教授：下一代語言環境一直在變化，要如何用語言及文化的多樣性來教養或是教育我們的下

一代？希望教出怎麼樣的客家下一代？以及過去有學者主張全客語教學、全客語討論學術，不知道您會怎麼回應？該如何以更健康的方式與更自在的態度，以實際的語言行動，回應客語棲地的改變？

聽環境的聲音，培養下一代

鍾鎮城：最重要的不是教客家話，而是用客家話來學習，客家話是能溝通、能學習、能生活的語言，後人認為客家話有價值，就會去教下一代。未來可以做數位、電腦、寫程式、做生意，甚至用客家話從政。主流論述裡面對客家人的想像都是用手段去想像目的，要跟下一代溝通與調整，最後的目的不是要求傳承客家話，而是感受到客家話的好。

聽下一代人需要什麼？調查這個地區需要什麼？人口生態有什麼變化？老師們的能力如何？沒聽環境的聲音，你想做的都不會成功。美濃孩子在四年級前是雙語教學環境，五年級時，任教老師不在雙語教育計畫裡，結果孩子說：「老師，我們要客語的雙語教育，你可以加入嗎？」這就是改變下一代，讓他們知道自己要什麼東西，培養民主社會的下一代客家人。棲地間會互相影響，互相支持才有效果。

洪馨蘭：接著請問劉校長，「實驗教育」精神碰上「客家人文」推廣責任時，如何擬定學校的整體方針？家長的態度、校內老師又要怎麼因應政策的變動調整？校長如何支持校內教師，擬定「客（家）本位」或「客家先行」方向與課程設計，是否能提供臺灣未來出現第二所客家人文實驗小學，一些取法借鏡。如果像桃園要複製，有沒有方法實踐？

此田非彼田，多語並存的未來

劉家宏：像屏東六堆，也想做實驗教育，但不是客華實驗教育。客籍老師都必須使用客語當作教學媒介，當初他們也很徬徨，「校長，是不是我該離開的時候了？」我說：「你們這群人！你們身上有一個寶都不知道！你們現在過的生活是客家常民生活，就是客家文化！」幸好我不會客家話，不會把他擁有的寶貝視如糞土。如果因為這樣離開，就只是「保存」客語，但不是要把客語放進博物館，而是在真實環境中會遇到什麼困難。試著去交流，你的嘗試會讓我們找到出路。需不需要有第二所客家實驗小學？希望有夥伴同行，但市場傾向用客語來換英語，忘記自己是多語者。可以一起擁有這些語言，所以我覺得癥結點也許是想太多。

有人說吉東能夠成功是因為在客家人高達九成的客家聚落，但最質疑的人反而是家長。「我都捨不得我的孩子下田，你竟然還讓他下田！」但在過程中我們了解現實是什麼，然後尋找突破，就會跟家長說，我們的田是平板，是求知的路徑，了解土壤土質、病蟲害、授花授粉、繁殖方式，會看氣象、讀水文，透過這塊平板去學習另一個世界。語言也一樣，客語是文化語言，華語是文學語言，英語是世界語言，數位語言是未來語言，可以多語並存。

洪馨蘭：接下來想請問絜安，客委會與教育部，在推動客家復振時都有自己的困難跟堅持，如何在合作時掌握本位之責任，又能分進合擊，推動客語棲地教育的完善？另外，在桃園是否有機會推薦一個鄉鎮市區，或許規模、客語現狀與美濃相仿，也來進行全區小學與中學的客華雙語實驗呢？如果要這麼做的話，會遇上什麼樣的困難？

參詳會後合照，左起：鍾鎮城、蔣絜安、洪馨蘭、劉家宏、李舒蓉、黃泳玲、劉虹均。

支持和鼓勵，改變本位思想

蔣絜安：「客華雙語」實驗教育已在美濃推動成功，但現實是學校仍需校長支持，很多還在觀望。大部分教育主政者比較本位主義，「我幹嘛特別支持客家？那閩南話怎麼辦？原住民怎麼辦？」如果沒有開始，沒有想辦法說服，就會很難進行。公部門

要做的就是如何讓校長、老師支持，沒有後顧之憂，才會願意加入這樣的計畫。

家長想看到的是學客家話對小朋友的正向影響，家長對客語的重視跟認同沒有信心。我在桃園市政府相關會議中正式提出推動「客華雙語」教育政策的建議，並獲得正面回應。若可以在北部桃園等縣市複製高雄美濃的經驗，然後因地制宜修改，如在地的中央大學，以學術單位的對接方式，複製高師大模式經驗。雖然希望政治不要進入校園，但政治又牽涉到政策。高師大在美濃要花八到十年才會有這樣的成績，主政者能否不要短視近利，這部分需要克服，要更多溝通、更完整的資訊。但語言流失沒辦法等，現在不開始，就永遠沒機會。

洪馨蘭：我相信持續推動一定會遇到回應的！接下來我想邀請客家青年國際交流訪問團的團員，或現場年輕人交流一下。

換個角度，另一種思維

黃泳玲：不管是在數位、學校實驗教育、還是政策方面，要怎麼去支撐客語作為生活的語言？過去十年前的學校教育，感受到的是較功能性的，如演講比賽得名後，日常生活還會繼續講客語嗎？實驗學校做了三年，學生對話時會用客語嗎？臺灣有很多美國學校，學生就習慣英文對話，不知道客語是否能成功做到？

劉虹均：我是師培生，身為未來的老師，要有什麼樣的能力？除了客家話，還要給什麼東西，才可以培育客家下一代？如何把活動價值延續下去？

李舒蓉：在職的校長、老師，他們對本土語言或是未來的語言教育有什麼目標與可

能性的期待不高，侷限於客語認證。透過工作坊推動，可能會發現現場的老師還是關心這個計畫，思考該怎麼幫助他們。教育給了兩種價值觀，不知道要留在臺灣還是出國發展，到最後語言教育是順其自然，可這種對語言文化的冷漠是一種傷害。

洪馨蘭：感謝來自年輕學生的看法，等一下參詳座談來賓也可以給予回應。現在繼續先請現場來賓自由分享。

多方切入，釐清問題

孫國淞：學校會遇到老師不怎麼願意教客語，可能是因為兼任行政，畢竟是少數。《國家語言發展法》有加相關津貼，不過還是需要各部會、社會來支持，才能儘速通過。另外透過《客家基本法》條文發展出的方法，在客家文化重點發展區，應優先進用會客語的師資。如何讓社區地方重視說客家話。像頭份市場多為閩南語，客語活力要怎麼提升？至於第二間實驗小學，實驗小學有限制一定的名額跟條件，地方政府就要跟學校來準備前置作業，如有需要，客委會就一起來幫忙。

向盛言：2008年時，客家電視開台五年，我提了一個要十年才有機會做完的報導計畫：「他山之石」。想了解其他國家做族群、語言議題的電視臺，經過什麼歷程與挑戰、環境？也會參訪負責語言的教育單位。小孩從家庭到學校，一下給他沉浸式教育，對他來說環境轉變是否太大？我會擔心這樣的事情。煩惱的時候，剛好採訪威爾斯語言發展局局長，他們用較高層級去管理語言教育，像客委會、教育部、文化部。

婦產科診所會推一本刊物，註明居住地附近的威爾斯語言相關資源：有沒有全部教

威爾斯語的幼兒園？在家有什麼管道接觸威爾斯語言？威爾斯的語種有英語和威爾斯語，語言政策推行多年，比較學單語和雙語的學生，根據過去20年的調查，學雙語的人，成績比只學英文還好，找工作的機會較高，失業率較低。過去幾年非英文國家採訪，我只會英文，不過採訪不會遇到困難，不論對象年紀。歐洲是個多語環境，不會有哪種語言擠壓空間的問題。鄉土語言教學來開始建立這樣的觀念，多語本就是很自然、無害的。

鍾永豐：現代客家庄的家長跟過往的家長，是兩種不一樣的社會性格。過往他們沒有離鄉過，不會像這一輩回到鄉下，帶有比較強的挫折感、情緒，客家話出去完全沒用。在學術上是不是有可能去了解，留在美濃客家庄這一輩的家長，他們的社會過程是怎麼樣？

洪馨蘭：我想要針對以下問題繼續就教參詳貴賓：「請問絜安，推動客語教育時，非客家人的學生（閩南人、原住民）是否也會面臨到族群認同的問題而拒絕學習客語？要怎麼說服、或是否需要說服？」；「請問劉校長，實施客華雙語教學後，孩子客語表現能力有何差別？對老師的影響又是如何？」；「請問鍾教授，實施客華雙語教學後，學校要如何評定客語能力的進步？」

蔣絜安：語言傳承主要是先要有客家認同，但時代已變，要打破思維，就像我們說有太陽的地方就有客家人，客家人到東南亞掌握經濟以後，華人可能馬來語、印尼語、英語都要學，改變社會對母語的觀念。每種語言一樣重要，都有它的社會精神。

劉家宏：有個班級越南籍、閩南籍的學生各一個，剛面對客語環境時經常嚎啕大哭，那時的策略是，我們也學你的語言，結果全班的越南語、閩南語跟客語能力都

一起提升。只要能營造平等的語言環境，多語並存或流動會讓我們一起變好。

教材有三進程，「教教材」，把教材原封不動好好教。「用教材」，會延伸、補充、轉化。「編教材」，編用要合一。過去出版過客家本位教材，召集十個老師，一年專心編某個科目，但很難推出去使用，因為只有編者最清楚，想法如果不同，對方就可能不用。不是要固化它或是提供給別人範本照本宣科，而是透過這樣的方式不斷培養老師課程設計跟發展的能力、檢視自己的教學理念。所以我們歡迎別人來借鑑跟觀摩，但不鼓勵照抄我的版本，因為任何一個地方的環境都不一樣。至於客語能力這部分就提升非常多，你重視了、想做了、宣示了、認同了，改變就會發生。

洪馨蘭：請問有規劃參加客華雙語教學實驗的學生，他們在客語書寫能力是否也列入能力評估？客語數位教學除了影音外，是否文字採拼音書寫？遇到電腦輸入系統打不出的客語字該如何處理？

鍾鎮城：文字部分都還在實驗，現在還沒有完工，因為沒有人做過。拼音創造出來輔助學習客語的。在美濃是客家話對照過來，不依賴拼音，如果客家話夠好，就不會有拼音問題。該著手的是腔調如何並存，不只是停在想法，如果不幸失敗，下一代也會知道為何要選擇不同的路走。他可以流利轉換語言，不用去背負族群的原罪，或獨尊國語政策之下不公義的地方。

客語有能力去教國文、數學、電腦、統計，可以處理所有學科跟跨學科知識。這是一種自信、成就，是客語跟世界的連結。接下來的危機在於我們已經從中生代往高齡的界線邁進，我們有沒有處在同一個語言復振的時代感而不是世代感，3、40歲的開始跟著我們一起前進接棒？再來是有沒有辦法精緻化？像在美濃辦的微旅行，很多人認為客語的雙語教育很有美感，有沒有辦法變成這樣？創造良好的教育方式，

且是普世之間，閩華、原華、西班牙語、英語雙語都想要做的。

洪馨蘭：感謝大家撥冗來參詳要如何培育下一代的客語能力，思考如何讓客語成為日常溝通的語言，並且有能力在多種語言之間轉換。相信政策推動需要各方都加入幫忙！所以下一次參詳語言組就會換到邀請他們（客家青年國際訪問團團員），看看青年世代如何開始慢慢用多媒體的方式在學習與推廣客語。非常感謝各位今天的參與！

延伸
閱讀

客家基本法

「客家基本法」於 2010 年 1 月 27 日公布施行，其修正案於 2018 年 1 月 31 日公布施行。「基本法」具有「憲法之補充法」的效力，「客家基本法」建立法律中「客家人」、「客家族群」、「客語」等詞的定義，並規定客家人口達三分之一以上之鄉、鎮、市、區應列為客家文化重點發展區，加強客家語言文化之傳承推廣。更要求政府應積極鼓勵客語認證、客家學院、客家廣播、電視節目及全國客家日之設立。其修正案主要有：明定客語為國家語言之一，與各族群語言平等、於客家人口集中區域推動客語作為通行語等要點。

網址：https://law.moj.gov.tw/LawClass/LawAll.aspx?pcode=D0140005

「客語」對青年世代的意義

時　　間：2022 年 3 月 12 日（六）14:30 至 16:30
地　　點：三餘書店（高雄市新興區中正二路 214 號）
召 集 人：
　　　　洪 馨 蘭／國立高雄師範大學客家文化所副教授
主 持 人：
　　　　黃 泳 玲／「客客客到人 Hakka Global」社團創辦人
與 談 人：
　　　　李 舒 蓉／國立高雄師範大學客語教學語言研究發展中心專任助理
　　　　黃 脩 閔／國立臺灣大學客家研究社社長、法律系碩一
　　　　賴 奕 守／「客家與外省」YouTube 頻道創辦人暨頻道主
　　　　盧 冠 霖／淡江大學俄國語文學系三年級
記錄整理：江 怡 瑄
攝　　影：林博楷

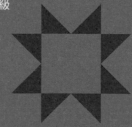

洪馨蘭：現在許多客家年輕人面臨關於族群認同意識的問題，像是客語在市場競爭下，許多人放棄說母語，所以我很好奇現在的年輕朋友，要如何、又為何把客語「撿」回來？客語為客家人的身分標示，母語在日常生活的運用上，遇到了什麼困難？客語對他們來說意義是什麼？而「說客語」的意義又是什麼？許多人會要求客語要講得標準，但有些年輕人會覺得很有困難，到底壓力在哪？我們現代客語傳承的方向又該朝向哪方？當世代想法不同時，年輕人要如何與長輩溝通？我想邀請各位年輕人接棒來各自介紹自己，因此接下來就請協助主持今天參詳的年輕朋友，泳玲，先來開場。

黃泳玲：我是「客客客到人 Hakka Global」的創辦人泳玲，今年21歲。我兒時在客庄被阿公、阿婆帶到六歲，之後就搬到桃園生活了，因此客語是我的第一語言，不過因為到桃園後，沒什麼機會講客語，所以也曾失語。

黃泳玲

「客客客到人 Hakka Global」社團創辦人、同時係「臺灣客家新音樂創作協會」小編、桃園市伯公下在地文化發展協會理事。曾任 2018 客家青年海外事務參訪團團員，有過文化展演、客語主持、客家音樂創作經驗。現下煞猛經營數位社群，期待串聯全世界个客人。

賴奕守：我來自屏東內埔，是六堆人，我的家人全都是客家人，所以我自然會講客語。是到外地讀書時，才發現自己與很多年輕人無法用客語溝通，客語是失傳的狀態，光想就有點心酸。於是我開始在網路上拍影片、做客語歌曲，希望可以讓其他年輕人

對客語產生興趣，也讓客語在未來能持續被說下去，六堆才會有新的生命、新的力量。

李舒蓉：我的老家在竹田，但我在高雄長大。客語是我的第三語言，因為我是阿嬤帶大的，後來又學了華語，最後才用朗讀、演講等方式，把客語慢慢撿回來。現在在國立高雄師範大學客語教學語言研究發展中心工作，推廣客語成為生活語言，知識怎麼走進生活變成習慣，是我最關心的事。

黃脩閔：我是桃園埔心的客家人，但從小家裡沒講客語，我們家的第一語言是華語。還記得小學的母語課，我選的是福佬話，因為我有看八點檔，後來參加學校辦的客語能力認證考試的讀書會，才覺得有把客語撿回來。我身邊的人大多都不會跟小孩子在日常生活中講客語，就算桃園是有很多客家人的城市。大學讀臺大法律系，後來加入臺大客家社，現在是社長。因為覺得自己對客家文化、語言沒有很了解，所以也有去中央大學讀客家社會文化研究所。

盧冠霖：我是盧冠霖，我不是客家人，也沒有客家背景，會接觸客語是國中時，我在爸爸的車上聽到警察廣播電臺，在播客語節目，當時有教說「你好」、「恁仔細」、「正來寮」等基本對話，我想說這個語言這麼特別，怎麼之前都沒聽過？記得主持人有解釋客語與華語，語言概念不同之處，我覺得很有趣，所以就開始用電腦自學。

黃泳玲：你們學客語時，學過最有趣的客語單詞是什麼？我媽媽說：「屙膿滑丟」有點像華語的胡說八道、閩南語的黑白講，客語聽起來完全不像那個意思，卻真實存在這樣的詞彙，所以我就學起來了。

「『彎彎斡斡』的路」用客語邏輯感知及思考

黃脩閔：我們家有三姊妹，當我們玩得很髒時，我媽媽會說：「你們『不褡不膝』」，我本來以為這是華語，還跟朋友說：「你『不褡不膝』」，他聽不懂，我才知道那是客語，並在撿回來後才知道寫法。還有「摵衰人」，我學到的客語一開始都是罵人的。

李舒蓉：像「紅絳絳」是福佬話，華語說「紅通通」，客語是「紅啾啾」，我喜歡研究語言間不同的用字、腔調間的感受，學客語讓我可以感知這個世界，很有意思也很有趣。又如「彎彎斡斡」的路，用「斡」才有那種走路很累的感覺。

賴奕守

賴奕守：我們踩發引擎時，引擎旁有根桿子，我剛來到高雄時，不知道那叫作側柱，我就跟同學說：「你那個引擎的『撐仔』沒弄好」，我一直說，但他聽不懂。我的本業是日語翻譯，有一次我爸爸的朋友想測試我的翻譯能力，他就考我「傢啦伙俫」和「膦棍拈舌」，這是很粗俗的話，華語翻不出來，無法罵得這

「客家與外省」YouTube 頻道創辦人暨頻道主。曾任客家新媒體節目、直播、廣播等相關主持人、六堆300年慶典執行委員、文藻外語大學「創意與夢想」講座講師、節目《大嘻哈時代》人氣選手等。感慨於客家話的快速消亡，開始用客語創作饒舌、搖滾樂等，期望透過網路與流行文化，將客家的傳統文化重新包裝，讓更多年輕人發自內心的喜歡、認同客家，提高學習客語的意願。

麼有味道。

盧冠霖：我自學時，覺得有些詞很特別，像是「噥噥哢哢」、「唅唅唅唅」，四個字都疊在一起，華語跟福佬話都沒有這種詞彙。印象很深的還有「挨礱披波」，就是螳螂，後來去查才知道，「礱」是磨漿的器具，「挨礱」的動作有點像螳螂的手，這個詞裡面包含了客家人看事物的概念。

黃泳玲：我們思考客語時，會發現世界觀好像不大一樣了。因為我們特殊的生活環境，受到很多文化語言的影響，有時會被長輩說年輕人的客語都講得不標準，你們有這樣的經驗嗎？

我們的世代有我們的腔調，改善學習環境的第一步

賴奕守：我偶爾會遇到客委會副主委鍾孔炤，他跟我一樣是內埔人，他會說我的客語要加油，我想說我每天都在說客語，都還被說講得勉勉強強的。

黃泳玲：我阿公是廣東梅縣人，阿婆是麟洛人，外公外婆則是長治人，我長大後認真去聽同樣來自前堆的人的腔調，都有些許不同。甚至我阿公、阿婆，跟我父母講的腔也有點不同，為什麼就沒人說他們的客語說得不標準，我們的世代就會被嫌說不標準？在客家社有遇到這樣的情形嗎？

黃脩閔：會來客家社的人有兩種，一種是生活在客庄中，客語本來就講得很好，另一種是自我認同為客家人，且對客家文化有興趣，但不會說。為了讓大家能一起合作學習，我常提醒社員若遇到較不會說的人，不能說他們說得不標準，會讓人更不

願意或不敢說。我也常被長輩嫌講得不標準，有時會覺得很不舒服，我們沒有這個環境，不能全怪我們，應該要互相幫忙才能更好。冠霖在學習時，會不會也被我們客家人說講得不標準？

盧冠霖：若聽到是閩南人學客語，他們會覺得我很棒，在學習的過程中，大家都會一直鼓勵我，是沒有壓力的。如果大家可以轉換，用對待我的方式對待客籍青年們，可能大家會比較想學。

李舒蓉

國立交通大學（現國立陽明交通大學）人文社會學系族群與文化碩士班畢業，現任國立高雄師範大學客語教學語言研究發展中心（RDCHTL）專任助理、哈旗鼓文化藝術團團長、講客廣播電臺《拜六 Voilà》節目、民生之聲電臺《愛去哪聊》節目主持人。曾任「戲說客家──校園故事車」、瑞祥國小、瑞祥高中客語生活學校「哈客 ing」巡迴課程講師。

賴奕守：語言本來就會變，什麼是標準，什麼又是不標準？像英文，英國人講的跟美國人講的也不一樣，又如新加坡人說的華語，跟我們也不同，但你能說他們有不對嗎？我覺得我們的世代有我們的腔調，所以要給願意學習我們的語言的年輕人，多一些寬容。

盧冠霖：我在家講福佬話時，其實也遇到一樣的問題。幼稚園前，跟我的阿公、阿婆會講福佬話，不過上學後，他們不知為何都跟我說華語。大概是國中時期，當學過阿美語和客語後，我才想到要撿回自己的母語。家人都說聽起來像外省人，要我不要說，我覺得很受傷。這是整個臺灣社會對待年輕人撿回母語時的現象，不是支持

而是嘲諷，覺得這不重要。

李舒蓉：臺灣若要走向多元文化的社會，這是一個轉變的時期，我們要有共識，一同面對這樣的變化，上個世代要給我們空間與方法。像我以前會被嫌，朗讀時總是邊哭邊讀，但練好後，就發現每種語言都有韻味，真的要練才能慢慢把它撿回來。

不能只是說得漂亮，落實生活和實質作用

黃泳玲：我以前也有參加過，我是屏東人，講南四縣腔。小時候不知道客語有分很多腔調，我父母也不知道其中的差別，所以我選了北四縣腔，結果學校沒有老師能教我，只好回家請教父母，最後沒得獎，評審老師說我的腔調都混在一起、不標準，但我都這樣講，我就是客家人啊！時代不同，現在有很多新詞彙，我們要找到新世代的客語。你們社團有討論到新世代的詞彙要怎麼說嗎？

黃脩閎：有！學校之前有辦跟客語有關的展覽，它教的很多詞彙現在都沒在講了。很多新世代的詞，生

黃脩閎

國立臺灣大學客家研究社社長。國立臺灣大學法律學系畢業，目前同時就讀國立臺灣大學法律研究所公法組與國立中央大學客家社會文化研究所一年級。自國中通過客語能力認證四縣腔中高級測驗，深感於本土語言流失的速度，積極參與臺灣大學推廣本土語言的「灣流音樂祭」。

活中要講到時，就會轉換成華語，這是危險的，因為原來的詞彙現在用不到，會用到的詞彙又不會用客語說，客語就會愈來愈少。我們都會想要自己創造客語字詞，像臉書就說「面書」。

黃泳玲：當今有很多新世代的東西產生，如「同性戀」客語怎麼說？是否能像原住民語一樣講「Adju」？我們去算塔羅牌時，可以用客語占卜嗎？大環境都是華語的情況下，我們要怎麼翻譯？能翻得有客家的韻味嗎？還是用華語直翻？

賴奕守：現在客語是國語的一部分，在《客家基本法》、《國家語言發展法》中都有寫到，原住民語、福佬話也都是臺灣的國語。我去臺南買東西若全程說客語，只會被趕出去，這就是自己講爽的，我們不要騙自己，每次都說這是國語，全國都能暢通無阻，並沒有。我們要有一個實質政策，去改變這種處境。

李舒蓉：在政策方面，如果知名飲料店、便利商店，每週都有一天是多元語言日，母語才有辦法跨出去，補助政策要思考如何走進大家的生活，尤其是在都市這種多元、富饒的社會裡。現有的補助或榮譽標章，好像都無法提升說客語的機會或環境。

賴奕守：我們有「侄講客」的標章，或許能補助這些店家，做一些與客語相關的優惠促銷，或客語認證考過中高級就有房租補助，肯定有很多人要學客語，而不是只有一個標章，但沒有實質作用。

黃脩閔：我覺得有些人需要有使命感，有些人需要誘因，政策的推廣要顧慮到每個人，大家的想法與需求不同。現在有「全國客家日」與「世界母語日」，大家只會發文，但沒有在生活中落實，如果那天能叫大家出來說母語，臺灣會變得很漂亮。

盧冠霖：我國、高中時都住在學校，有很多時間能讀自己有興趣的東西，比如語言，當時我有報名客語認證，會讀教材，裡面沒有的詞彙，我會先寫在筆記本中，等可以用網路時再去查，一字字把想說的話湊起來。

盧冠霖

臺北學佬家庭出世个細倈仔，這下在淡江大學讀俄國語文學系三年生。平常有閒个時節好學語言，無閒个時節乜好。可能係天公安排好个，因為該兜仔原因，故所就戇戇个開始學Pangcah阿美族个話同客話到這今。

李舒蓉：我覺得要思考哪些族群是保存客語、轉變客語最重要的一群？客語要傳承下去，我們這代的年輕父母，還有現在在讀幼稚園、國小的小孩，這兩代是最重要的。曾有老師跟我說，若以前沒有在閩南庄或原住民部落教書的經驗，他不會反思自身母語的重要性。對多元文化的態度臺灣社會一定要堅持。

黃泳玲：我們這代人對客語有一種感情。在Clubhouse時，有個住在臺南的人，當時他兒子再兩個月就要出生了，因為遇到了我們，他說願意把客語傳下去。除了光榮感，我們也要製造對客語的情感。

這麼多選擇，為什麼要學客語？

賴奕守：要用年輕人的方式，才能吸引他們回來學客語。要從年輕人的出發點規劃

活動，如六堆300年的系列活動，客委會很用心，花了很多錢，但每次都是祭拜、遶境，太陽這麼大，遶境又全身是汗，年輕人會喜歡嗎？會感動嗎？不要一直說年輕人不回來，人家這麼多選擇，為什麼要學客語？

黃泳玲：我看到很多年輕人對客語沒有光榮感，反而是歧視感，整個環境一直在說客家人就是吝嗇、小氣、節省。你們客家社團會被人嘲諷嗎？

黃脩閔：大家對客家人的印象只有這些，所以他們只能講這個，聽到會覺得很可憐，因為客家文化有很多特色，不同地區也有不同的風俗。我們也討論過這個印象，有些社員覺得如果是客家人自己講沒關係，但聽到別人講會覺得不舒服；有人覺得這至少代表對客家人有印象。我覺得如果要打破刻板印象，那就要用更多元的面貌出現在社會中。

黃泳玲：小氣是否有可能變成一個客家標誌，我們就來賣這個印象。你們怎麼看？

黃脩閔：「小氣」其實有很多面向，可能是對吃的東西很小氣，但在教育上花很多錢。客家人的小氣也有不同面向，且不能代表所有客家人。就算客家人真的小氣，也是因為以前的生活很艱苦，不能用我們的艱苦來嘲諷我們。

李舒蓉：除了讓不同的面向展現出來，也希望不同族群間能彼此欣賞，慢慢就不會只看到不好的地方。

賴奕守：不同的族群中都有吝嗇的人，不過這是雙面刃，最起碼酸民開始知道「客家」二字。我之前去參加《大嘻哈時代》有唱客語，那首歌用很多電子的東西，有

留言就說：「這哪有客家？電都沒在省的」。所以身為客家子弟，我們要靠自己的努力反轉印象。

盧冠霖：我的想法跟奕守不一樣。我認識很多原住民朋友，大家對他們的印象是很會唱歌、跳舞、運動，這都是正面的，但對他們來說是一種壓力。所以不管好壞，若我們的教育能將多元文化的部分教好，刻板印象才會消失。原住民有正面的刻板印象，大家也不會特地去向他們學習。對這個族群的人而言，會想保留好印象、顛覆壞印象，所以會一直侷限在這個框架裡，但為什麼只能在這二者之間，不能有其他呈現的方式？

賴奕守：我是覺得人就是這麼壞，喜歡把這種刻板印象掛在嘴上，美國的教育很先進，可是網路上還是有很多人歧視黑人。黑人雖然被歧視，但他們有把自己的文化展現出來，他們有藍調、爵士、嘻哈，用文化影響力影響整個美國的音樂，有人甚至因此推崇他們的文化，向他們學習。這比我們希望學校教如何破除刻板印象有用多了。

李舒蓉：我很同意脩閔說的，文化教育常常都是點狀式的教導，提到臺灣的多元文化、多元族群，探討的議題不夠深入。我在美國的網站上，看到很多黑人朋友把傳統舞蹈跟街舞融合，而有所謂的African Tradition。有時候我去參加演講比賽，客家的比賽常常會推崇某一種文體、風格，但沒有給予發揮的空間。

黃泳玲：吝嗇是個性問題，不是族群的問題。在Clubhouse中，有人形容父母做了哪些事很吝嗇、很像客家人，又做了哪些事花很多錢、不像客家人。如果你的父母是客家人，無論你做什麼事情都是客家人。我們這個世代，不希望大家用刻板印象來認識我們，因為我們很多元，我們生活的環境就是有這麼多文化。

李舒蓉：我認為面對人與人之間的差異，也就是多元性，要勤奮一點，去了解差異背後的脈絡，也更能去看見文化發展過程中的豐饒與包容性。

賴奕守：我覺得客家的比賽或活動，甚至補助審核，應該要招攬幾個年輕人當評審老師，評審標準的結構年齡範圍要更廣。長輩的經驗要尊重，不過要有相同權利，且較年輕的評審老師才有進步的空間。

李舒蓉：我帶學生去參加戲劇比賽、客家語文競賽，前三名一定都是穿唐裝或旗袍。有一次我在學生的稿中，加入 Rap 的節奏，比賽時他們表現得很好，下面的小朋友也很喜歡，但評審覺得不是唸很快就很棒，那他唸得很標準又很快有什麼問題？我們以前的形式、藝術跟現代的藝術，有沒有可能融合？

賴奕守：我覺得客委會的委員年齡結構也要選過，要有新的經驗與舊的經驗做結合，才有新的動態。

黃脩閔：我們也很想了解傳統的事物，同時也希望長輩了解我們年輕人的想法，這是一個對話的機會與過程。像奕守說的，客委會裡的年齡結構若不一樣，就能一起討論、對話，我相信很多政策可以做得更好。

黃泳玲：我們也希望客家有很好的未來，不想看到客語在我們的世代消失。我跟朋友在臺北吃飯用客語聊天，都會被問是不是香港來的。大家每天在捷運上都聽得到客語，但怎麼對客家如此陌生？

2018年8月14日，德國奧格斯堡，客家青年海外國際事務參問團參訪德國奧格斯堡市政廳。（照片提供／黃泳玲）

身分、價值、意義，學習客語的動機

黃脩閔：現在推廣的雙語政策沒有本土語言，我只有在客家社辦活動時，才可能找到會客語的人。希望大家平常多講客語，你說客語我聽到就會跟你說話。

洪馨蘭：我想請問大家，現在因為客委會有很多資源，也已經成立客家電視、講客廣播電臺，很多人也說「母語」已經「還」給我們了，問題是要怎麼讓大家想要且

學會流利地講客家話？客語是不是決定客家身分的條件呢？若不是，那客家人的定義和特徵在哪？客語對你們年輕人的意義是什麼？如果說就算有環境、但學習動機不強，各位覺得是不是還是學不起來？

黃脩閔：如果要讓大家流利的用客語溝通，現在的雙語政策要停下來、再想想，因為它會讓很多父母、小孩，只著重在雙語上，同時也跟《國家語言發展法》矛盾，我們的心力、時間有限，不可能所有語言都學。若大家都說英語很重要，我用什麼動機跟父母說我想學客語？他們會認為以後沒出路、沒競爭力，只能去客家電視。我現在讀臺大法律研究所，也去讀客家研究所，很多人說我浪費，但這是我想做的事，為什麼我想做客家就一定要影響我的競爭力？

盧冠霖：瑞士有四種官方語言，德語、法語、義大利語、列托羅曼語。我們是否能在客語通行區，有一、兩所學校都用客語教，但也不強迫，讓大家有選擇的權利。

李舒蓉：每個地方都有不同的資源、歷史、地理，我們的文化從中國過來後，文化的離散會變成它自己的樣子，對於文化的教育不該有標準答案，讓學生作答。

賴奕守：除了教育，刻板印象最大的推手，是早期的綜藝節目，因為他們是搞笑藝人，為了效果而消費客家文化，後來慢慢就有刻板印象。

黃泳玲：我辦了一個「鹹菜乾讀書會」，一起準備客語認證考試，很多河洛人加入，他們學客語的比例比我們想像中高。客語是保留在家族中的語言，我們的信仰或連結都來自家族，不是族群，所以若家族還在，就不怕客家文化消失。但我覺得客語在未來應該要變成通用語言，無論在何處，客家的世界其實可以站出來看得更廣。

將客家語言與文化，通過消費的過程推廣出去

洪馨蘭：我可以再多問你們嗎？你們對客語在臺灣的未來樂觀嗎？我們有辦法改變客語每年逐漸消失的命運嗎？有時人們常說，靠政策就是很被動，等政策都擬定好了，說不定客語已經要消失了，你們會有這種危機感嗎？假如說不要單單依靠政策，年輕人可以有什麼行動力呢？想聽聽你們的看法。

賴奕守：這真的要民間的動力，配合社會參與和政府政策，至於能不能延續，就要看推廣的力道是大是小了。

李舒蓉：這是個消費的社會，人有購買的行為才會產生感覺，要將客家語言與文化，通過消費的過程推廣出去。

盧冠霖：我在疫情時，有經營一個粉絲專頁，在Instagram教阿美族語，現在年輕人沒時間去看很長的文章，且要結合時事，讓他們容易理解，這是吸引年輕人的方法。

黃脩閔：我對客家語言的傳承不樂觀，但這不是壞事，如果我們都覺得很好，可以流傳，是自欺欺人。因此要常與身邊的人講客語，若他們習慣了或有興趣，自然會去學，也能讓你對自身文化有更多認同。我也不知道未來客語會不會消失，但在我這代會一直講。

賴奕守：我全家都講客語，我太太是外國人，因為被我們影響，久了她自己會去學，也考過了認證。我們自己不能自卑，要從自己做起進而影響別人。

黃脩閔：我一開始在臺北也不敢講，後來我告訴自己，人家聽不懂就算了，用翻譯也可以，這是我的語言，你聽不懂是你的損失。

洪馨蘭：我最後想補充的是，從1988年到1990年代，那個時候的「新个客家人」運動就已經主張客家人不要自卑，儘管我們人數比較少。我們真的希望客語可以有自信地走出去、加入社會主流，也就是說整個社會也要鼓勵非客家人來學客語，客語也要有「無障礙運動」。

盧冠霖：因為我不是客家人，我想說在這片土地生活，如果可以多學一個語言、多了解一個文化，不同的族群能互相了解，也能減少刻板印象。我也是學了之後，才知道原來我們閩南人還有這些東西，這是一個反思。

延伸
閱讀

客客客到人 Hakka Global

由黃泳玲創辦，從Clubhouse到Facebook等多方經營的社群團體，參與者不一定都是客家人，但以客家族群為大宗。講南北，談東西，用客語進行不同議題討論及交流，分享客家文化，創造並擴大客語的語言環境。圖中為2021年，於桃園中壢大河壩小書店。《客客客到人 Hakka Global》舉辦後生高峰會—自媒體串流計畫。（照片提供／黃泳玲）

客語的未來與未來性

時　　間：2022 年 5 月 28 日（六）14:00 至 16:00

地　　點：左轉有書（臺北市中正區鎮江街 3-1 號）

召 集 人：

　　　　洪 馨 蘭／國立高雄師範大學客家文化所副教授

與 談 人：

　　　　向 盛 言／客家電視台台長

　　　　宋 廷 棟／美濃愛鄉文教基金會董事長

　　　　周 碩 興／客語薪傳師

　　　　廖 重 凱／客家電視諮議委員會委員

記錄整理：江 怡 瑄

攝　　影：鄧 婷 文

洪馨蘭：「語言」是我們客家文化非常核心的部分，而近年來臺灣的客家話一直都在談「傳承」，即使目前似乎持續流失中，但我們確實希望在30年、50年後，我們的小孩還能用這個語言去面對未來的世界。

今天邀請的與談貴賓，都是來自不同領域，希望邀請各位提供一些關於客語未來性的見解。在我左手邊的第一位是廖重凱，我跟他是在客家電視諮議委員會中認識，重凱在客台諮議會開會時，常常主動提供有關媒體方面的見解，其中他也同時具有擔任電臺製作人的資歷。直接身在客家傳媒第一線的與談人，是客家電視新聞部經理向盛言(現為客家電視台台長)，我是他節目的忠實觀眾，像是獲獎無數的《小O事件簿》就有許多單元，給觀眾一種客語可以討論國際議題的特殊感受，期待盛言可以經由臺灣的經驗，來看臺灣與國際許多族群語言復振運動之間的比較。

再來的貴賓是宋廷棟董事長、阿棟老師，今天的與談貴賓中，他是我認識最久的，應該是從我在1997年開始到美濃做田野的時候，就知道他是非常受學生歡迎與欽佩的高中英文老師，阿棟老師參與保護家鄉水資源運動，並且帶著大家閱讀國際水資源議題的資料，他的經驗很多年來都是非常在地、也很具有國際視野。然後我也邀請到資深的客語薪傳師周碩興老師，周老師在饒平客家話的傳承上，付出了非常多的心力，也獲得很大的成果，而饒平腔的未來保存其實也是少數中的少數，希望聽看看周老師的看法。

我個人一直感受到臺灣的客家腔調有著少數腔持續弱化的問題，同時另外也缺乏對其他更多少數腔調的注意，像是目前臺灣有許多來自東南亞的客籍新移民女性，她們帶來了像是印尼腔的客家話，而30年後是否印尼腔客家話也會是我們可以學習的另一種腔調？我在邀請各位貴賓的時候，提出了許多不一定會得到答案的問題，包

括客家話在過去是「鄉土語言」，然後改稱為「本土語言」，現在是「國家語言」，未來有沒有可能因為我們也可以用客語跟不同國家的客家人交談，而也是一種「國際語言」呢？這麼多年來，我們對於「客語」的態度有哪些不同？會不會擔心客語將成為越來越少人使用的語言？怎樣的客語環境才能讓我們帶著這個語言，繼續面向迅速改變的世界？以上題目看起來可能都是大哉問，都不是幾項列點就可以解決的。所以我把題目訂得很大，想討論「客語的未來」與「未來的客語」。現在是不是就先請我左手邊的重凱，先跟大家聊聊你的想法。

客語是不是只有客家人才能學？

廖重凱：我的客語是在十歲以前，跟我奶奶學的。奶奶離開後，2、30年間沒有人跟我講客語，後來把語言找回來的原因，是回到家鄉接觸到「祭祖」活動。親戚眾多，特別是在地長居的同家族長輩，當你說你聽得懂客語，他就會不間斷地用客語跟你對話，即使當下想回答時，發現講的並不流利，也會怕說錯瞥扭，但是家族長輩並不在意，感到親切的當下更激起自己想用流利客語回答的念頭。

接觸客家事務以來，不只是個人經驗，也常碰到對客語有興趣，很努

廖重凱

桃園市觀音區客家人第二代，成長於臺中市。現任客家電視諮議委員會委員。曾任行政院中部聯合服務中心客家組組員、臺中市客家公共事務協會理事長、臺中市客家事務委員會委員、太陽廣播電臺管理部經理、正義廣播電臺副臺長等。

力講，但說錯受到即使是好意的指正後就逐漸不敢開口說的現實案例。當自己也成為這案例之一時，承蒙自家長輩包容，我就慢慢學，目前就是以華語為主，客語為輔。

剛剛馨蘭姊有提到，我曾經接觸過廣播工作。一般來說，廣播經營會考慮到受眾族群，苗栗本身是客家大縣，我當時的思考方向是：客語是不是只有客家人才能學？似乎不應如此自限。故當時堅持在閩南語電臺插播客語節目，我相信語言是能靠著「浸淫」習得的，長時間聽久了產生的伴隨感，至少能夠讓它持續流傳下去，客語語言的推廣就是從這裡開始的。特別是一般認為那些不會收聽客語節目的閩南受眾，透過傳統無線廣播自帶的高穿透力特性，久而久之從生活角度切入，透過客語混華語、客語混閩南語、完全純客語播出的節目題材對原本第一時間排斥客語的非客語受眾，逐漸產生伴隨感與黏著度，受眾無意間逐漸學得客語字彙與用法，相對達成透過擴散受眾提高增加客語存續的機會。

洪馨蘭：感謝重凱。他從個人投入製作廣播節目時的經驗中，提煉出應該要讓人們對於客語有「伴隨感」跟「黏著感」，我想未來2、30年就是要一直去努力的方向，目前客語也在政策推動下，積極主流化，例如在福佬話或華語節目中，去置入演員使用客語對白或演唱客語歌曲，又像是在每天約兩百萬人觀看的八點檔連續劇，讓客語或客家文化元素不要完全缺席，讓客家話出現與伴隨著民眾的日常生活。非常感謝重凱的發言。接下來我們請阿棟老師。

一代一代地傳承，為客家文化注入新血

宋廷棟：客語復振過去有非常多的交流，客語語言的危機感是非常重的，但我想一直談論危機感也沒什麼意思，我想就我知道的故事跟大家分享。我不是要強調危機

感，語言就像一條自然的河流，時而高亢時而低迷，但語言也是會死亡的。我舉一個人類學的例子來說，1911年，加州有一個印地安人，他是他們部落的最後一個人。人家問他叫什麼名字，他說我沒有名字，因為在他們族裡的文化，必須要由同族的人來介紹他的名字，可是並沒有人可以介紹他。

宋廷棟

現任美濃愛鄉文教基金會董事長、鍾理和文教基金會監事。美國加州州立大學（多明哥茲崗校區）教育研究所教育碩士、國立成功大學臺灣文學所博士候選人。曾任高雄市政府客家事務委員會機要秘書、高雄縣政府勞工局局長等公職，亦曾任旗美高中、南隆國中英語教師。

這種族群的消失情形不斷浮現，但客家的情形卻不是像這樣。聯合國教科文組織針對瀕危語言分成六級，第六級就是滅絕，客語大概在第四級，我聽過人家打趣地說：「原民語在安寧病房，客語則在加護病房。」我現在來看，客家話也在安寧病房了，我理性地說，這樣的語言消失的臨界點已經過了，但我們仍對客家語言、文化關注，不可能讓它就這樣消失。我來舉幾個故事讓大家想想，在客家的活動中有年輕人的加入，年輕人也都在學習客家八音，也隨著耆老去廟裡祈求地方神明的保佑。

像這張照片裡頭，可以看到，在文化復振運動中，河洛媳婦嫁來客家庄，她也加入文化復振的工作。這裡面有三點啟示：第一，文化復振一定要靠年輕人；第二，公民社會作為穿針引線的陪伴角色很重要；第三，文化復振的小社會理論，這才會形成一個族群，才會有連結。

第二個故事是童謠專輯、青少年音樂CD，以及《我的美中時代》舞臺劇。這些孩子自己學著製作客語藝術專題，這麼小就有製作經驗，一代一代地傳承，就能增加客家文化媒材，這就是一個他們成長的過程跟客家產生的連結。他們自己也跳像職棒啦啦隊那樣的表演，所以說文化復振一定要培養年輕人才。其實人才培育大於客家媒材提供，這是一種加成的綜合效果，必須要這樣慢慢地累積，文化復興是沒有萬靈丹策略的。

第三個故事是「附堆」，是小客庄重回六堆的文化運動，去年是「六堆300年」盛大的活動。1948年，六堆運動會的時候沒有邀請這些小村落，日治時代六堆是受到監管的，所以說他們第一次參加大型的六堆運動會，意義非常重大，這等於說是一個溯源的活動。同樣有三點啟示：第一點，勇敢接受異質性與雜揉的挑戰，要包容

參詳沙龍討論現場，左起：洪馨蘭、廖重凱、宋廷棟、周碩興、向盛言。

文化的多樣性。第二點，大庄牽小庄文化運動，用帶領的方式，讓小庄參與文化。第三點是烏克蘭的游擊正規軍，他們打贏了武力不對等戰爭。我們可以從小庄頭開始，客語用游擊的方式觸及大眾，可以更解放一些。

洪馨蘭： 非常感謝阿棟老師講了三個故事，每個故事又提出三個歸納出來的啟示，收穫非常多。在聆聽如此豐富且具有實踐性的故事之後，我們繼續來邀請饒平腔客語薪傳師周老師和我們分享他的經歷。

「Taiwan Hakalish」，能不能隨著我們的子孫飛上太空時代

周碩興： 我要用我的饒平腔來說，難得有這樣公眾的機會，希望大家能更了解饒平腔調。說實話，饒平腔其實我非常擔憂，電視臺或電臺也好，會講的人非常的少。我常受邀錄製教材作為客語高級認證的音檔，因為老人家體力不太好，沒有辦法在錄音室坐這麼久，教育部認證的 5,000 字也好，或是認證的音檔也好，全部都是我去錄的。每次錄完，我就覺得我又完成了一部遺作。

以前我聽別的老師說，新竹縣很多

周碩興

客語薪傳師、新竹縣饒平客家文化協會理事。世居新竹縣大窩口，大學畢業後，參加客語廣播人才、客語配音班培訓，目前在 FM105.7 講客廣播電臺及 FM93.5 新客家廣播電臺主持客語節目，也在湖口國小教客語，投入搶救客家語言文化志業，逾 30 餘年。

人講饒平，像關西鄭屋、苗林劉屋，我研究發現還有很多雜姓也講饒平，但他們講沒有那麼流利。有些人去海外發展，有的搬去臺北、高雄。其實在我的宗族中，也有推廣，但是要吸引小朋友來學很不容易。剛才看到阿棟老師影片中的八音班，我認為客家話這樣來做是很不錯的。如果說你會講客語才來吹嗩吶，要通過的年輕人就會很少。

我覺得客家話失落的原因，第一個是都市化的結果，例如竹北轉變非常大，以前海邊有河洛人，他們都會講客家話，和客家人的感情非常好。現在老年人講得都不太流利了，年輕人更是已經是完全不會說。因為後來搬進來的都是以閩南人居多，於是客語流失非常快。我在學校裡教很久了，我問學生們為什麼來學客語，他們有些是被爸媽逼來的，或是對客家文化有基礎認識。但他們在學校還是講華語，沒有一個環境讓他們說，而且不會講客語並不會造成生活的困難，所以這樣要推廣就會有困難。

第二點是，客語斷層非常嚴重，我自己5、60歲，若不是家裡一直有在講，就非常難了。要如何把這個大斷層填平？大家可以來思考一下。客語斷層嚴重，其實也是因為客家人的自覺不足，說我們要滅絕了還沒有人相信。客語能不能隨著我們的子孫飛上太空時代，環境因素非常重要，能否傳承也很重要。另外，客語是否成為化石標本，喪失自己使用者的立場？像我來說，在公共媒體上很難有一個場合讓我來說饒平腔。我們客語腔調很多，有次我教書教饒平，我說祖母叫「阿嬤」，結果孩子回去要叫祖母吃飯，他說學校的老師教「阿嬤」，但祖母不是饒平人，她說：「為何不叫阿婆呢？」文化差異上的困境就出現了，饒平無法集中，要如何教學？再來，客語的使用情境改變，才能讓客語繼續存活，向前邁進。比如要加入年輕人的元素，以KUSO的方式來吸引年輕人的注意力。然後是要讓客語多元化，比如《茶金》眾

所周知，對於這樣的語言轉化我感到很欣慰。然後，年輕人也會發明很多火星文，這樣的文化行動就可以讓客語更加生活化。讓客語結合其他語言共同呈現，比如新加坡式英文（Singlish）。最後是讓老、中、青三代，有共同的生活圈，我講客家話、聊天從來沒有一句華語。客語應該跟上時代的腳步，客語是很生活化的語言，也用來敘述祖先的過去，但要解釋當代的思想與人類行為，必須靠專業及熟悉使用客語才能表達。現在客語的書寫方式也應該更便利，比如我用鍵盤要打一個客語字，就要先用教育部出的詞彙表來轉換。我認為應該結合微軟輸入法，才更容易輸入。推廣客語可以先教發音，用說的，再談寫。臺灣客語未來有兩種途徑：一種是完全滅絕，只能在博物館聽客語；另一種是重新包裝成「Taiwan Hakalish」，客語才有存續的可能。

洪馨蘭：周老師提供幾項保存與推廣客語的關鍵想法，當然還有憂慮和提問。他提出社會是否能接受「Hakkalish」作為存續客語的可能選項，我認為對我們目前客語傳承的現場，是很有助益的概念思考。我們接著邀請客家電視新聞部經理盛言來談談。

以臺灣為中心，客語為橋梁，航向世界

向盛言：前輩們都講得很精彩，我也小小地分享一下。從小我媽媽講四縣，我後來才講海陸，因為到客台工作被要求練熟海陸腔，今天很難得可以用我的母語四縣腔來說話。前面有教育、公共、電臺的角度，我的第一份工作就是在客家電視，所以就從這個角度來談客語的未來性。

今天受到邀請，要來談客語的未來跟未來性，透過我自己的經驗，接下來是多元的

未來，在想客家是否能成為一座橋？在討論之前，我們先看一些比較現實的東西，前兩個月收到客家人口及語言調查的結果，資料非常的豐富，也建議大家上客委會網站去看。我們用幾個比較簡單的數字來看，上一次調查是五年前，全臺灣認同自己是客家人的客家人口增加了 0.5%，但會說、聽客語的人，正在減少。

向盛言

現任客家電視台台長。英國羅浮堡大學媒體與文化分析碩士。畢業後就在客家電視服務，一直到現在。曾獲金鐘獎、卓越新聞獎等。從 2008 年開始進行《他山之石》專案，詳細介紹三個使用蓋爾語支（Gaelic）的地區（威爾斯、愛爾蘭、蘇格蘭）之語言與媒體政策。

1988 年還我母語運動開始，到現在 34 年了，隨著客委會、客家電視成立，法律方面有《客家基本法》、《國家語言發展法》，所以這一代在這個環境下有享受到更多的建設與發展。可是我們擔心，政府、民間也好，都做了這麼多努力，為何說、聽客語的比例卻在下降呢？大家在今天來講未來性的時候，很多是從線性時間來看一條線的發展，當我們停下來，我希望有機會不要用線性時間軸來看，可以向左、向右看看，還有沒有其他發展的機會？這就是我說的「客語作為一座橋」最原始的想法。

我比較樂觀，可以暫時離開時間所造成的限制。我先講一個負面的例子，十幾年前中國在世界各地做孔子學院，我想到的是，其實中國講客語的人比我們還要多，但臺灣針對客家推廣的力量，我認為應是以臺灣為中心，臺灣才是前線。我們的政府做了法律的精緻化等等，客家電視報導的影像、聲音，保存了這麼多珍貴的資料，

中國並沒有足夠好的資源來做這些事情。

以臺灣為中心，客語作為橋梁，航向世界。明年客家電視20年了，是不是可能作為族群電視臺的表率，做好文化保存，讓全世界知道有個國家叫臺灣，它在為保存客家而努力。中央大學、聯合大學、各地教育大學裡的客家學系，這麼多的研究，我們在起步已經贏中國很多了。接下來在田野調查，是不是可以讓客家作為臺灣跟世界連結的橋梁？客家電視製造很多的機會，讓臺灣的觀眾看到族群語言做到什麼程度，這個橋是雙向的，我們往外走，也讓外面的人進來。明年要舉辦一個盛大的世界客家博覽會，我相信，在這個時間點客家可以扮演一個很重要的角色，讓外面的人看見臺灣的客家。我們也採訪過達賴喇嘛成立流亡政府60年，外國媒體也都來採訪，當時讓大家看到臺灣有一個客家電視來做這樣的國際連結。我們應該利用客家的身分來做這樣的橋梁，這是我們可以單點做的事。

比如讓達賴喇嘛知道，在臺灣也有客家族群在此發展，他說以前從沒有人跟他講過。臺灣客家也關心非客家的事，我們有自己的文化背景，也有和其他族群不一樣的特色，所以說是不是有機會成立「族群電視網」。相互之間可以有族群間的認識，透過國家的力量，也來做這樣的努力。

洪馨蘭：非常感謝今天的貴賓們，很完整地聽到非常精彩的內容，也都分享了一些落實推動客語的對策與做法。接下來我們可以相互對話也開放線上直播觀眾提問。目前已經有線上觀眾提出問題，像是有人擔心客語在其他使用情境中，是不是會改變了客語的本質？也有人提到對講客語的人來說，客語認證是必要的嗎？以及詢問現在學校的正式課本中，客語能不能也像閩南語那樣放入教材中？

參詳會後合照，左起：廖美玲、盧冠霖、鍾
永豐、向盛言、洪馨蘭、廖重凱、宋廷棟、
周碩興。

每個人都是臺灣各個文化的參與者

廖重凱：從生活中由小處累積是比較實在的。大家會覺得政府要再多推廣客語，其
實客委會在推動上盡了全力，最關鍵的是，年輕一代不會因為不懂客語產生生活上
的直接損失或不便，本身自覺與文化認同也有限，若真的要透過推廣進而達到客語
流傳的目的，我建議短期應先以大家聽得懂為目標，增加想使用客語溝通的欲望。
辦理推廣活動不一定要主打客語，我的經驗是可以去「蹭」其他局處的活動，鼓勵
民眾講一句代表性用語，用獎品等其他誘因，讓他們願意開口說。至於客語會不會
因為與時俱進因而失去本質？我認為語言本來就是與時俱進的，客語跟華語一定會

存在顯著差異，實際上現存流通的各種客語腔調、用法稱謂，也不可能和數百年前的客語完全相同。客語的本質並不侷限在語言，其存續的意義同時代表客家民族的文化延續，不用過度擔心失去所謂的語言本質。

宋廷棟：多元文化的部分，我不用民族主義的方式去推動，這樣會有侷限性。像是剛剛盛言所說的，客家能否作為臺灣邁向多元文化社會的最重要推手，我們應該朝著這個方向去努力，客語才會有更多的生機，這可以思考。在我們整個的社會中，臺灣要推動命運共同體，客家、閩南要互相學習彼此的文化，比如到客家庄頭要學會基本的問候來表達誠意，到原住民社區亦同。我認為這是一種相互參與，每個人都是臺灣各個文化的參與者，臺灣也會是各國文化的參與者，客家可以做這樣的推手。剛剛講得非常有道理，其實對這個世界來說，母語消失的問題，不是一個獨立的現象，我們的努力的經驗是可以跟很多人相互印證的。在島內來看，會覺得客語很沒有希望，不過對別的族群面對瀕危語言、受到威脅的情形來說，臺灣這一段的努力不論成果如何，都應該得到相當的肯定。包括在我們這個社會，客家就是多元文化社會的起手，我希望，每個多元家庭不要只是學父系語言，兩邊的語言都應該去學習。從這樣的方向大家來努力，我們是一定要接受雜揉，不可能是純的。

向盛言：線上提到一件事，在臺灣客語有很多腔調，各個都要保存，似乎是力量不集中，好像這也沒學好、那也沒學到。從多元文化的問題來看，全部的客家都講四縣當然是比較簡單，但若說如此，乾脆全世界都說華語或英語就好了。溝通雖然是重要的，但它是多樣性的，就因為是不同的才珍貴，要重視的是不同的，不是一樣的。說得難聽些，都相同當然便於行事，不過我們是要維持差異才做這些保存、努力。第二，如我剛剛補充的，用臺灣的客家來做橋梁，我們不是要炫耀臺灣的客家做得多　厲害。當外國電視臺說想要了解客家媒體，要找誰時，有這樣的資訊進

來，某種程度上，我們每一個在自己的位置上，做這些事做了20幾年的人就會知道：我走的路沒錯，我已經變成一個指標了。反而會成為客家人的自信，我相信這是相輔相成的。

廖美玲：大家講到語言傳承的問題，語言讓大家認識到就是要「說」。我本身的經驗是，因為在客委會工作，平時透過客家電視、客家廣播電臺，有更多的機會聽到客語聲音，來累積客語的語感，可以用客語來交流、討論事情。目前推動的有學校、社會、社區，但問題是，可能大部分中生代的父母不會講客語，學校的力量就很大，透過學校來學習客語就變成一個很重要的面向。客委會這邊推動通行語或是新的觀念，建立一個主流社會，比如舉辦「參詳沙龍」，我們討論的就不只是客家人，有些議題是牽涉到客家以外的事情。透過專家，客語可以一起來關心其他的面向，用客家、客語來關心世界，透過媒體來關心世界議題，讓世界看見臺灣的客家。今天聽到大家關心到通行語，聽到廷棟董事長講到美濃的經驗，從小地方累積通行語的推動，比如公教人員必須通過客語認證，很不簡單，透過這樣的認證，提升客家公共服務的能力。針對客語社區營造，比如希望社區裡越來越有機會聽到客家話，像是推出《茶金》，讓大家可以來接觸這些影視的內容，同時透過主流媒體的力量，在不同產業都能聽到客家話。文字方面也透過一些標語，讓大家可以習慣看到客家字，文學也推廣以客家字來書寫。慢慢地來推動，希望民眾也可以熟悉客語。

洪馨蘭：謝謝客委會廖處長對於客家語言政策及通行語等提問，提出補充說明。確實，目前臺灣客語復振推動20年做下來，它的成果可能要在未來的20年後才會真正反映出來。現在客語流失的情形讓使用客語的比例曲線仍然下降中，但20年後希望能開始反彈回升。今天貴賓們所展示和提出的，似乎是希望鼓勵客語在廣度方面要更多元地面向世界，在深度方面則要往下培養孩子多樣化地熟悉客家文化，從日常

生活中就「帶著」他們一起探索與使用客語。客語推廣並不只是讓客語用來表演、用來比賽，還牽涉到我們如何用這個語言去跟下一代對話。或許就像阿棟老師說的，語言推廣沒有萬靈丹。我們現在有想到怎麼做，就趕快去做吧，如果只是等著或跟著政策，或許就會來不及。今天非常感謝在座的各位，提供就您們的角度上的寶貴見解，讓我們知道客語的未來和未來的客語，不僅僅是客家人的客語，它也是一種世界的語言，值得我們的下一代更多樣化地學習。謝謝大家今天的參與。

 延伸
閱讀

饒平腔

饒平客語是指中國潮州市饒平縣客家人所講的客語方言，該地客家人於清代來臺開墾後使饒平客語分布於臺北至嘉義各地，多集中於中部彰化、雲林、嘉義一帶，彰化永靖與嘉義溪口曾是饒平腔最普遍的地區，另新竹竹北六家、苗栗卓蘭老庄與新屋亦有饒平客家單姓村。歷經械鬥、婚姻、遷徙等因素使饒平腔流失嚴重，部分的饒平客屬，猶殘留親屬稱謂、數字、地名的客語說法。饒平客語在原鄉已受閩南語影響，移民來臺後更受到海陸、四縣、東勢大埔等腔調影響，因此除了有以上語言、腔調的特性，臺灣各地饒平腔亦有多種相異的聲調系統。

（照片提供／客家委員會）

那一代的客家青年
走出校園之後

時　　間：2022 年 7 月 9 日（六）14:00 至 16:00
地　　點：左轉有書（臺北市中正區鎮江街 3-1 號）
召 集 人：
　　　　　洪 馨 蘭／國立高雄師範大學客家文化所副教授
與 談 人：
　　　　　古 秀 妃／臺南市政府客家事務委員會主任委員
　　　　　吳 錦 勳／作家、文字工作者
　　　　　張 正 揚／高雄市旗美社區大學校長
　　　　　劉 慧 真／詩人、文史策展人
記錄整理：張簡敏希
攝　　影：汪 正 翔

洪馨蘭：我是阿蘭妹，各位與會的老朋友們大家好。我本身小時候是不會講福佬話的福佬人，在1995年大四那一年算是遇上客家，記得那時候是在寶島客家電臺還是「地下」電臺時遇到慧真。我大學畢業後進入國立清華大學讀研究所，那時候清大有學生社團「新客社」，我也加入了，於是開始注意到當時有很多客家後生，尤其是在那1990年代，他們很多是透過參與大學裡的客家社團，重新對自己的母語「客（家）話」產生濃厚的感動與興趣。他們在當時認為客語不僅僅是說的話，更是代表族群的主要精神。

我應該就是在研究所寫論文的時期，到了美濃進行田野並在那裡認識到正揚與秀妃。後來就開始在想：是不是每個曾經在大學求學階段參與過客家社的人，那些經歷會一直影響到2、30年後，甚至作用在我們這一代面對臺灣客語處境的感受和看法？近幾年，透過正揚我才認識了錦勳，這位傳說中的客家社英雄人物，全臺第一個大學客家社成立時的社長。今天想要邀請大家來參詳的，就是我們發現從臺灣有大學客家社開始，努力到今天，客語仍然面對著流失的困境，希望能聽看看各位經過了30年之後，你們覺得客語對自己是何種意義，還有覺得推廣客語對現下的客家與社會運動所代表的意義。

客家界不缺讀書人，但需要公共知識分子

劉慧真：我離開學校後，在學習與工作上就是斜槓又斜槓的過程，做過很多有關族群媒體的工作，也參與客家公共事務。客家公共事務方面，最早是從1991年創立客家社開始，教我客語的羅肇錦教授說：「臺大有客家社、客語班」，我去參加時認識了錦勳，經過一個暑假，我決定成立師大客家社。現在的年輕人可能很難想像30年前的時空環境，我1967年出生，成長於戒嚴時代，成年時臺灣解嚴，在我學客語前

完全沒有客家意識，也沒有說客語的能力，最初想學客語，單純是因為我讀歷史研究所，田調時，發現自己沒有任何一種能幫助我做田調的語言能力。

我們是聯考世代，只顧成績，沒人在乎你的母語能力。直到讀研究所，客語對我來說，一開始是非常工具性的。學了才發現客語社會處境有很大的、結構性的問題。記得當時成立社團要寫計畫書，並通過審查，我印象最深刻的是有位審查委員說：「你們是在搞分離主

劉慧真

國立臺灣師範大學歷史學系碩士、國立東華大學社會學系博士。投入客家母語創作以及臺灣文史書寫，撰述、創作及策展主題聚焦於族群關係、轉型正義等議題。曾獲臺灣文學獎客語創作金典獎、吳濁流文學獎，入圍電視金鐘獎最佳單元劇編劇獎。

義嗎？」我第一次聽到「分離主義」這個字眼，若不是那位審查委員的提醒，我不會思考到國家認同的問題，也讓我開始反省，作為一個讀歷史系又讀歷史研究所的人，我竟然在正規大專院校教育中，沒聽過有任何一門臺灣史課程。我正在編《李喬全集》，我是其中一個分卷的主編。《寒夜三部曲》中的「蕃仔林」對我而言，是我臺灣意識抬頭、開始對臺灣文學產生興趣的啟蒙地。

30年前，1992年，李喬老師帶我們去蕃仔林，後來我在永和社區大學教客家文史課程時，也帶學生去蕃仔林。我們當時雖然是做客家工作，但想的是在臺灣族群互動關係中，客家到底站在怎樣的位置？接下來這張相片，是臺大與師大客家社一起辦了講座，相片中有原住民作家瓦歷斯・諾幹，有現任客委會主委楊長鎮，他當時是

客家雜誌的代表，還有做原住民研究的謝世忠。還有文化大學客家社的宣傳海報，裡面呼應了我剛剛提到的問題，我們一直在回答，我們不是要挑起族群的分離意識，而是建構客家族群的尊嚴和認同。後來我有一個生涯中較特殊的轉彎，是加入民進黨幫小英總統打選戰，但這幾年的政治工作，讓我認清一個事實，我的性格、角色，沒辦法在政治圈的體制內工作，如同那時的敗選之夜，我從中上了一堂政治課，看見成敗間牽動的權力關係，如何照見某些人的表裡不一。

最後想拋幾個問題一同討論，第一是我認為在臺灣談客家、族群意識，一定要以土地做為基礎，若抽離了土地認同，以空泛的論述說：「全世界都有客家人」，在某種自得自滿下，忘卻了臺灣現實族群的處境，這是一種危險。第二是有族群意識，但沒有公民意識，客家認同會變成什麼？第三是現在有很多公共資源，不過是否已出現「將客家放在體制裡，反而邊緣化」的現象？第四是公共資源的分配，到底是培力還是減弱主體性？我看到這幾年出現很多政策跟風的創作，這樣的創作真能可長可久，對「客家」好嗎？第五點是族群意識與性別的問題，我覺得客家這種非常強調傳承、薪傳、父權的文化環境，女性遇到的挑戰特別多，所以會有什麼衝突？如何化解？追求族群主流化的同時，更不該忘了性別主流化！我的感想是客家界不缺讀書人，不過我們需要的是公共知識分子，讀書不該只是為了自我的成就，更要對公共事務提供批判，不因是否享有公共資源，或企圖爭取資源，就捨棄知識分子應有的批判者角色，而不敢提出建言。

難道客語不是臺語嗎？

吳錦勳：我是在座四個人中，唯一沒繼續做客家運動的人。90年代的臺大是一個很特別的環境，從外部來說，臺大處於解嚴後整個社會解放與學運興盛的時期。當時

先成立了臺語文社，宿舍有人參與，我就去問有教客語嗎？他們說：「沒有，不過你可以來學臺語」，難道客語不是臺語嗎？但我還是先參加了他們的活動。我大學時遇到自我認同的疑問，開始思考自己是誰？想追求自我認同，因看到還我母語運動，回想過去的生活，發現語言跟我的生命經驗有很密切的關聯。從鄉下到臺北讀書，重新接觸客語時，會覺得自己有根、比較完整，好像沒那麼艱苦了。

吳錦勳

作家、文字工作者。國立臺灣大學哲學碩士，曾任國際新聞編譯、記者，以筆耕為業。曾獲亞洲出版業協會（SOPA）卓越專題特寫獎、吳舜文新聞獎、金鼎獎等。

在臺語文社待了半學期後，想成立客家社，那時臺語文社的朋友有點不爽，他們覺得臺語文是大範疇，客語是一部分，但我們認為客語較弱，若我們沒有自己的論述跟中心思想，可能還沒成長就消逝了。記得那時臺大的社團太多了，排不到社辦，不過我們有看到幾個放著雜物、被鎖著的房間，就跟臺語文社的同學說明天要去爆破，搶一間來用，活動中心六點開門，我們五點就爬進那間倉庫，將水管伸進氣窗轉開門把，霸占空間。用了一、兩週才被學校發現，跟學校鬧得很不愉快。在我考研究所前，我們的社辦都與臺語文社共用。那時客家社的成員、想的問題、辦的活動都是條件下的一時之選，我們在社團活動中得到很多養分和啟蒙。記得我們還有去正揚家，住他以前的小學，晚上在水龍頭旁洗澡，去看星星，那種純真、理想、無畏，都是很珍貴的回憶。

洪馨蘭：過去的客家社對客家的感情很純粹，大家會辦活動、參與客家庄的生活，也反應了30年前，這些客家的年輕人與自身的母文化還有一定的銜接。現在許多客家社的學生都是出生於都市的小孩，沒有客家農村的經驗，很深刻地感覺到他們並沒有我們這種對母文化的濃厚感受。

無法說客語時，
感覺呼吸的口被塞住了

張正揚：他們去爭社辦時我沒有參與到。客家社剛開始時有段時間在綜合大樓四樓，我們中午會拿便當去那吃飯，我幾乎每天去。我在美濃出生、長大，我父母的家庭都是客家人，我讀小學前是在全母語

張正揚

現任高雄市旗美社區大學校長、鍾理和文教基金會董事、六堆學文化藝術基金會董事，曾任美濃愛鄉協進會總幹事。除高中、大學、服役，以及兩年城市工作之外，其餘時間均生活於美濃。大學時曾參與客家社，在說客話的過程中獲得安定，重新認識故鄉，返鄉由此開始。

環境成長，讀小學後開始被要求講「國語」，有幾次因為講客語領狗牌。長大後才發現，我講客語時就像用自己的手腳，若是用其他語言就像用工具，所以當我去臺北無法說客語時，感覺呼吸的口被塞住了。去到客家社後，大家會用客語說話，只是腔調不同，好像我被塞著的口被打開了。參與客家社變成我在大學生活中很重要的事，重要到幾乎每個活動都參加，甚至去了大部分的客庄，我覺得有點像在補客家學分，讓我發現我跟父母說的客語有點不同，他們用的詞彙、說話的樣子很不一樣，這是一種語言的味道，我父母那種勞動階層講的客語，我掌握得不是很好，於是後來有一個重新學習客語的過程。參與客家社這段過程是心靈的回歸，真正看見

自己成長的地方、族群文化，讓我後來做事時，會先想自己對事物是否足夠了解？也開啟了後來回到美濃生活與工作的行動；先前與高中同學開畢業30年的同學會，發現十幾個同學裡，沒人住在老家，只有我；這種情況若算是一種回歸，我覺得它是從大學客家社時形成的。我在客家社投入的時間超出了本科，機械系的課程老實說不有趣，課業很重，又搬到這麼大的都市，有點不適應城市的生活，我還是習慣住在美濃這種鄉下，參加客家社後，透過說客語帶給我一種安定感。

是利他還是利己？
是消滅還是助長？

古秀妃：我們家歷代都是農民，照這個歷程，我在17、8歲就該嫁人並去耕田，我為什麼會坐在這呢？我很感謝自己生長在貧困的農村、沒落的小鎮，也很感謝認分、認命的父母養育我成人。我住的小鎮種香蕉，因為家裡的田在水尾，種不了稻子，日治時代開始種香蕉，沒想到香蕉價格好，有段時間外銷日本賺了點錢，不過後來發生吳振瑞的剝蕉案，整個產業就沒落了。我國中時坐巴士從小鎮到旗山鎮上，

古秀妃

現任臺南市政府客家事務委員會主任委員。東海大學學生時期創立客家社，參與社運返鄉投入反美濃水庫運動，曾任中央研究院研究助理、美濃愛鄉協進會秘書、《美濃鎮誌》執行編輯、臺北市客家文化基金會執行秘書、執行長、客家委員會專門委員、主任秘書等。任高雄市政府客家事務委員會主任委員時全臺首創小學客華雙語教學、籌建美濃圖書館及文創園區、推動設立全臺首座客家實驗學校。曾入圍金馬獎，並曾獲客家委員會三等客家事務專業獎章。

那裡有滿滿的香蕉連豬都不吃。我們是蕉農世家，我當時才12歲，看了很難過，我父母在耕作，整天趴在地上，為供我們讀書，希望我們長大快離開這。也感謝很多

在白色恐怖犧牲的人，一直到90年代前後，像錦勳他們臺大的學生。我很感謝野白合學運的年代，年輕人的無畏感染了全臺灣，影響讀大學時的我，學生不求什麼，只求心裡的公平正義。我也很感謝我的高中，那是慘澹、寂寞、想跳樓的時期，在升學主義下，我都考最後一名，讓我學會在比較的社會裡，站在最後的人永遠得不到社會的肯定。大學時我很疑惑，跟我父母一樣的人們都很努力，每天趴在地上勞動，但為什麼他們得到的是最少的？大學像是學運的延續，在東海有人間工作坊，是社運的社團，我的學長蔡其昌、史哲、沈發惠等都在這，他們在學校裡招募、組織，我就是其中一個，我才知道其實很多人已經走在前面了。

學運社團在寒暑假會辦營隊，給我們一些社會階級概念。我就開始參與人間工作坊和學生會，當時想此外還能做什麼？剛好有同學說要成立客家社，客家社對我來說是把自己生命裡最深沉、最核心的靈魂勾出來，流淌在我血液裡的東西，被拉出來連接到我對這個社會的期待，認為我能改變社會，能把地球放在手上轉的這種膽大妄為，以此推動客家社。從過去看未來，這幾十年來做的事都跟客家有關，我常覺得自己很幸運，得到很多人的提拔，能將工作、理想、生活都綁在一起，我是一個完整的人，一路來都以我為主體。這30年來我有三分之二的時間在公部門，公部門掌握著權力，包括錢與權的掌握和分配，但我出身於最苦的低層，我會思考自己做的事有沒有違背？到底我做的事是破壞還是幫助、是利他還是利己、是消滅還是助長？

嗶哩啵囉的心情

劉慧真：錦勳是臺大客家社第一屆，我是師大客家社第一屆，後來陸陸續續，北部、中部、東部都有人討論要成立客家社，之後有一個跨校性的客家學生聯盟，還

有出刊物，我印象中有一期的封面畫了一個腳印，上頭寫「粢粑軟軟个心，手足情」。這是我們談早期客家運動較少提到的面向，我們不只學客語，甚至想將客語文字化，有文字的記錄才有辦法傳承。跨校性、跨族群較特殊的經驗是客家社有一個串聯，跟臺語文社與臺灣研究社有很多相互的往來與支援。我記得有一次，清大、交大每年會辦梅竹賽，兩校的臺語文社跟學校要求不能只有華語的辯論比賽，學校不肯，所以我們就自己弄，當時有福佬語組、客語組的辯論比賽。我一開始跟羅肇錦老師學客語，後來在臺大客家社學北四縣腔，與父母講客語後才知道我們家講的是長樂腔，我發現我作為一個在國語政策下成長的小孩，重新學客語後，我變成跟父親講不同腔調客語的客家人。

長期有人討論當初的客家運動，是不是北部都市內的客家人在做的東西？與客庄是否有關聯性？有回頭看土地嗎？這確實是我們現在要思考客家時很重要的議題，尤其現在有很多公共資源與政策，政策資源分配下去後，不可避免會有同質化的現象，譬如我沒客庄生活、農村經驗，若我有下一代，我需要培養出什麼樣的客家人？過去為了方便資源分配設客家文化重點發展區，用人口數比例計算，如果放在臺北、新北會很麻煩，因為這兩個城市的客家人很多，可是依照人口比例，它們都不是重點發展區，但我們需要在這樣的環境傳承客語，這種不成客庄的客家到底怎麼辦？

吳錦勳：臺大有很多客家人，他們當時沒想過要參加客家社，當時會參加的或對客家身分與客語有意識、反省的人，是有背景基礎的，當年成立客家社的意義是人本主義的復興。大部分住在客庄的都是勞動階級，在這樣的家庭出來的孩子，在學校較弱勢，我們是農村的小孩，與土地有很深的情感。我國中時讀鍾理和全集的小說，鍾理和是我的文學啟蒙，讀完後內心有無法言喻的悸動，那樣的農家生活、文

學語言中的世界、人在勞動中的感情、對命運的掙扎，對年少的我是有影響的。後來在大學尋覓自我時，這些過往會開始發酵，尤其在都市裡會覺得自己很孤立。我記得正揚曾說過，他參加客家社有種「嗶哩啵囉的心情」，一旦自己的客家意識覺醒，血液好像是煮滾的水。另外那時的大學生處於一種很尷尬的情形，我們知道家裡希望我們成為知識分子，我家有幾分田，但我無法耕作，我的專業跟客家無法融合在一起，我是讀哲學的，我較容易在都市工作，客家從公共議題變成我個人生命的脈絡，我不能以此對社會有所貢獻，因此我這幾年一直在沉潛。

張正揚：我在臺南讀高中，去了才發現原來客家人在臺灣是少數。我那時每兩週會回美濃，要搭臺南、高雄、屏東客運聯運，我們稱之為南屏線，最後一班車在六點前後，每週五下課會有很多學生在火車站前的客運站等車，只要有車子來，會有人出去看，是不是自己的車子來了？有一次車來了，大家都很緊張，我突然聽到不認識的人說美濃客語，聽了覺得很安慰，想說沒關係啦！有這麼多鄉親在這一起等車。對客語有些感覺後，會覺得客語是很有詩意的語言，客語為我打開一扇窗，回頭看我們的土地與時代。

以往在美濃寺廟、節慶、婚禮等場合，或開里民大會時都是說客語，平常聽慣了沒感覺，直到不知不覺變成不是客語時，我才開始思考；去參加一些活動，如美濃開基伯公請神，禮生從頭到尾都用客語，有一部分我聽不懂，原來客語以前能跟神明溝通，我之前所知道的都是生活用語，這個語言的完整性與強大超出我的想像。語言從無到有經過幾百年，結果消失的時候說沒有就沒有了。語言還是與生活環境相關，隨著時代改變，它其實是一個創作、變化的過程，以前環境的變化程度小，所以創作需求較低，但現在變化程度很大，我們若要真正使用這個語言，不僅需要文化上的保存，也要重視語言與現代社會的連接，現在很多年輕人將客語當創作語

言，這很好但還不夠，這件事需要我們特別關心。客語的傳承是一件全面的工作，每一個人都有角色。例如，一名會講客語的人，若能多接納初學者怪腔怪調的客語，對於學習客語的人，會有很大的鼓勵。

古秀妃：我們回顧了過往，還是要審視現在、展望未來。在座都是走在前面的人，我發現大家共同的特質是做自己想做的，我們內心有驅動力。我小時候的願望是當老師，因為有寒暑假、固定薪水、不用曬太陽等，但這個願望是父母給我的。我記得很清楚國小六年級時，導師問：「你們讀書是為了誰啊？」大家都天真地說：「父母！」老師說：「不是啦！是為了你們自己！」我們都是這樣走過來的。後來有很多面向的刺激，才讓我們成為自己的主人，我今天走入客家，不是父母要我走這條路的。我在政府單位這麼久了，當然會一直思考、調整、觀察政策的影響，我覺得客家很危險，過去我們什麼都自己想辦法，當時民間社團很支持我們學生，我記得是臺北公共事務協會，那時民間很活躍，後來客委會成立，各縣市也成立單位，結果大學客家社變得安靜了。

客家委員會與事務局有兩個任務，一是消除族群歧視、偏見，第二是語言文化的擴散、傳承。結果小孩會講客語的比例，12歲以下不到11%。客委會成立20年了，資源又這麼多，情況卻沒有改善，我覺得是因為人的自主性被剝奪而不自覺，不只是客家而是整體社會，比如考語言證照，中央本來有獎勵制度，新主管來後，把獎勵制度拿掉，有獎勵時有人來考，沒獎勵後沒人要參加，但每個縣市政府要有報考績效，我在高雄市政府就很猶豫是否給錢：一是沒錢，二是獎勵是外在的，能達到目標，但是為了錢還是為了語言文化的傳承？美國心理學家德西做了一個研究，他將大學生分成兩組玩方塊拼圖，兩組都很努力，第二天跟第一組說在時間內完成就有獎金，沒跟第二組說，第一組興致很高，第二組則一樣，第三天兩組人都沒獎勵，

結果本來有獎勵的組，一半以上的人不玩了，而從沒獎勵的組還是很有興致，後來也有人做類似的研究，結論相同：「獎勵會傷人」，但現在社會幾乎都是用獎勵達到目標，到底如何讓人有自主性？更慘的是就算有獎勵，也不見得讓人想做。

吳錦勳：我也有困惑的地方，我的小孩在臺北出生、讀書，有鄉土語言課，我幫他選客語，重點是當時的客語教材我看不懂，我兒子說老師會放客語的巧虎，他覺得很無聊，完全沒興趣，課本全是羅馬拼音，我兒子那時還在學注音，他看到羅馬拼音覺得是另外要學的，對他來說是折磨，老師跟我說他會把鄉土語言的課本藏起來，我就很為難，又不想把他送到閩南語班。後來他告訴我，他很討厭客語，甚至產生生物痛覺。這個機會是我們小時候求之不得的，現在小孩擁有後反而覺得是懲罰，也沒什麼興趣跟長輩說，可能也與都會的學校有關。這讓我對客語有很深的危機感，有一種大勢已去的感覺，我對臺灣客家的未來沒有很清楚的圖像，不過前陣子遇到一位客家前輩，他說我們這代年輕人，可能是臺灣會說客語的最後一代。

很多很多的平安人，寧願在戲臺下

洪馨蘭：有收看直播的觀眾留言提問，他提到目前政府列出一大張的本土語言推廣政策清單，且開始規定學生要以正式課程學習客語，他想要請問來賓是否覺得真的有助於客家人提升母語認同？又本土語言推廣要如何訴求人的主動性？

劉慧真：我覺得談客家時族群，往往被戴上「族群」的大帽子後，就要大家放棄作為公民對公共政策批判的基礎與立場。我也看過某客家事務公部門，為了客語認證的業務績效，要求所有工作人員報考不同腔調，讓數字變得好看，而不在意是否真有學習、準備，這對做客家公共事務的基層人員來說，是為了業務而業務。我曾有

在大學教書的經驗，我覺得對學生來說，要讓他們覺得這是可貴的，是跟你自己本身相關的，才能引發內在的學習動機。我認為客語不僅是生活用語，一定有辦法用以創作、思想傳達與論述，所以我訓練自己讀很多客籍作家的作品，再將它們翻成客語。無論外部的環境如何，環境不好就自己去創造，我有願意去衝撞，甚至破壞的性格，才讓我一直走到現在。

回溯90年代創辦客家社，族群意識是基礎，但從這個基礎輻射出去，我們關心的面向很多元，作為一個公民，站在族群的立場上，對這些公共事務的思考與回應是什麼？許多情況下客家已被工具化，特別是在獎勵制度下。杜潘芳格的〈平安戲〉最後是：「很多很多的平安人／寧願在戲臺下／啃甘蔗，含李仔鹹／保持僅有的一條生命／看／平安戲」若少了願意對體制內事務批判的力量，那就是你讓他這樣做的，還有什麼話好說？

洪馨蘭：很深刻地感受到，每個世代的客家青年所要面對的「客語」生存情境都不一樣。今日我們有機會看到90年代的大學生世代，他們那時候經歷了一場「大學客家社運動」，不是只在校園裡推動學習客家話，而是一場包括了客家社團的成立、推動、與跨校串聯的一場運動。從那個過程到今天，我們發現了客語傳承的「自我動機」非常重要，那個時候是那麼樣自主地學習客語、努力學習客家。我在想這種精神意識在30年後的這個世代，有機會複製嗎？我覺得可能是不能的。所以要思考的是：現在客家的新世代，會用什麼新的方式去重新驅動他們自我的內在性？我相信聆聽過去這些大學客家社運動參與者的經驗，吸收他們的精神，感受他們的召喚，確實會讓我們繼續為客家感動下去。

延伸
閱讀

《寒夜三部曲》

李喬著,由《孤燈》、《寒夜》、《荒村》三部長篇作品組合成的大河小說,分別於1979年十月、1980年十月、1981年十二月由遠景出版公司出版。時代背景橫跨臺灣1890年至1945年間。《孤燈》描寫二戰結束前後,臺灣山村人民困苦的生活,以及臺灣青年遠赴南洋作戰之經過。《寒夜》描寫客家族群在荒山野地開墾拓荒的艱辛故事,及其在日治時期武裝抗日之過程。《荒村》以抗日農民劉阿漢為主角,描寫日治中期文化協會的分裂前後、農民組合成立等非武裝抗日活動的事件。(照片提供/文訊文藝資料中心)

臺灣文學裡的
客家力量

談到「平等」，有兩種常見但相反的路徑：其一是「一視同仁」，假設所有人並無有意義的差異；其二則是「尊重差異」，承認人群與人群之間確實有所不同，只要不以差異定優劣、不因此有差別待遇，也能貫徹平等理念。

參與「臺灣文學裡的客家力量」系列活動時，我腦中常常浮現上述兩派爭論，並且不斷隨著講者們的分享而來回擺盪。有時候我會懷疑，是否真的需為臺灣文學史上的那些作家冠上「客家」的標籤，是否應該「一視同仁」，直接看到他們的文學貢獻即可？但有時候我也會擔心，如果我們沒有「意識客家」的心理準備，我們看到的作家面貌，會不會是削足適履、殘缺不全的？

「臺灣文學裡的客家力量」這個主題，或許正是最適合試驗我們對於「平等」的信念，究竟偏向天秤哪一邊的一組砝碼。沒有任何一個族群像客家作家那樣，在每一個時代、每一個文學史的重要節點上，占據了如此樞紐的位置；更沒有任何一個族群像客家作家那樣，在他們發揮巨大的文學影響力時，如此徹底地隱蔽其客家身分。「原來他／她也是客家？！」這樣的恍然瞬間，正顯示了客家文學的矛盾性質：極為巨大，卻也極為隱蔽。

最終，我很慶幸我們還是稍微偏向了「看見客家線索」、「看見差異」的一邊。畢竟，在談到「一視同仁」的時候，「視」這個動詞還是比「同」這個狀態先發生的。這或許是「臺灣文學裡的客家力量」系列論壇的作家、學者分享當中，最積極的意義了吧。

召集人 朱宥勳

他們一開始就在那裡了
——日治時期的客家作家

時　　間：2021 年 11 月 27 日（六）14:00 至 16:00
地　　點：左轉有書（臺北市中正區鎮江街 3-1 號）
召 集 人：
　　　　　朱宥勳／小說家、文學與文化評論者
與 談 人：
　　　　　王惠珍／國立清華大學臺灣文學研究所教授兼所長
　　　　　甘耀明／小說家
　　　　　鄭清鴻／前衛出版社主編
記錄整理：林宇軒
攝　　影：汪正翔

鍾永豐：這場是「聽客家、聽文學」，邀請年輕一輩的文學家來談臺灣文化和客家的關係。從「整體臺灣文學環境」的觀點，來觀看客家文化與文學的歷史發展。由朱宥勳老師擔任召集人，同時邀請了三位優秀的文學工作者與小說家共同來參與。

朱宥勳：活動分為三個不同場次，以「時代」來區分客家作家和客家文學的定位：日治時期、戰後戒嚴時代，以及當代的客家文學參與者。從「時代」進行區分，看起來是僵化的教科書式框架，但其中有個重要因素——對於不是客家出身的讀者來說，不會知道客家的作家在臺灣文學史上，整體貢獻是遠遠超過客家人所佔的人口比例。如果要去算貢獻的品質或數量，這會是個奇特現象。

比如今天會談到的賴和、龍瑛宗、鍾肇政、鍾理和，以及甘耀明老

朱宥勳

小說家、文化評論者、專欄作家，國立清華大學臺灣文學研究所碩士。已出版個人小說集《誤遞》、《堊觀》，評論散文集《他們沒在寫小說的時候》、《作家生存攻略》、《文壇生態導覽》、《學校不敢教的小說》，長篇小說《暗影》、《湖上的鴨子都到哪裡去了》。曾創辦電子書評雜誌《秘密讀者》。曾獲林榮三文學獎、全國學生文學獎與台積電青年文學獎。

師會談到的吳濁流等，都是「宗師級」或「源頭級」的人物。可是，一般人很少用「客家作家」或是「客家文學」的角度去看他們的分量。

標題「他們一開始就在那裡了」，意思是：對於我這樣的外人（非客家人）來說，我是最後才發現（他們是客家人）的；可是對於他們來說，本來就是帶著客家的認同文化與印記在進行這些文學活動。表面上，可以很籠統地說是「臺灣文學」和「臺灣文化」，可是他們其實是帶著「客家身分」與「客家文化」來做這些事，等於從源頭就影響了文學創作，但卻讓人很難去察覺。

在三位老師的分享前，我先分享一個例子。前幾年有個電視劇《台北歌手》，以客家作家呂赫若為藍本，有點「舞臺劇」設計的味道，他會刻意平行並置小說。有趣的是，呂赫若當時是用「日文」寫作，所以當我們讀到日文原文時，不會意識到「客家」在裡面發揮的位置。

不過，《台北歌手》非常別出心裁，所有故事被演出來的時候，全部都變成客語版本。此時我們才會突然意識到其中有個痕跡，是從「日文」變成「客語」，再變成「中文」的兩度翻譯，這

2018 年，客家電視《台北歌手》，講述臺灣第一才子呂赫若的故事。（照片提供／客家電視）

個過程就象徵客家文化在臺灣文學中，「非常重要」但卻又「隱微」的位置。我們有學者的觀點、有編輯的觀點，也有創作者的觀點。首先請王惠珍老師來分享。

身分？語言？如何界定「客家文學」

王惠珍：大家好（tai ga′ ho`）！我本身是臺南女兒，閩南語還可以，可是客家話真的不行。分享我從學術的位置上去思考所謂的「客家文學」——「客家文學」究竟是身分上的「客籍作家文學」還是語言上的「客語文學」？臺灣原住民文學目前主流是以「身分」認定，那客家文學該要怎麼樣去做學術概念的定義？

如果以身分認定，就包含剛剛提到呂赫若的「客籍日語文學」和甘耀明老師的「客籍華語文學」。有次在客委會，其中一位評審說：「世界各地都有很多客家人，他們都會講客家話；如果把世界客籍作品集結，是不是有一個叫作『世界客語文學』？」所以，什麼是「客家文

王惠珍

國立清華大學臺灣文學研究所教授兼所長。日本關西大學大學院文學研究科中國文學博士。研究專長為龍瑛宗文學研究、日治時期臺灣文學、東亞殖民地文學比較研究等。著有《譯者再現：臺灣作家在東亞跨語越境的翻譯實踐》、《戰鼓聲中的殖民地書寫：作家龍瑛宗的文學軌跡》，編有《戰鼓聲中的歌者：龍瑛宗及其同時代東亞作家論文集》。

學」？拋出這個問題意識，未來有心去做名詞定義的人，可以再進一步去研究。

呼應主題：日治時期的客家文學。在臺灣文學中，分成「古典文學」、「新文學」或「民間文學」等；那客家文學，我把它分成兩部分：古典文學與民間文學。臺灣文學界談到「華語文學」，其實「phone」（聲音）的概念——如果把聲音的概念放進客家文學裡面定義，就會發現日治時期客家文學的古典文學用客語來酬唱；民間文學大戲、歌仔戲也是。

新文學部分，剛剛宥勳有談到，整個臺灣文學史還是以新文學作家為主；新文學作家就要面臨到「國語教育」的問題——國語教育讓他們可以書寫，他們的語言就被隱藏，只留下他們的身分。

我參與《新竹縣誌》續編時，有做新竹縣詩社的分布圖，其中大部分都是跟「竹塹城」的詩人有關，他們用閩南語在吟唱；另一部分和桃園、苗栗的詩社有交流。這些古典文人社群的分部，跟「水文」有關。所以在思考文學史時，需要有空間概念。吳濁流是新埔人，龍瑛宗是北埔人，是原漢衝突一個很重要的地區，所以發展出來的客家文學，就有「地方」的意義。

吳濁流來臺北住時，很喜歡找龍瑛宗聊天，然後一來就用客語吟唱漢詩，龍瑛宗不會客語。用漢字文化圈概念來思考，吳濁流用「漢語」的語言、「漢詩」的文類形成社群活動，他的行旅大都用「漢詩」來記錄，反而這些故事在他的小說裡沒有那麼多樣。他們的社群活動其實很精彩，跳脫既定印象的「漢詩人」或「小說家」。

我從「日語」去讀龍瑛宗的文學作品。當時我在日本留學，完全不覺得他是客家

人；反而是回來新竹任教後，每個人都以為我跟龍瑛宗一樣是客家人。在龍瑛宗的「客庄感」的部分，我會分成「詩」和「小說」兩個部分——北埔的抗日事件中，賴和曾經行腳過北埔，寫下「我本客屬人，鄉言更自忘」的詩句。1907年北埔事件發生時，1911年出生的龍瑛宗並沒有經歷到，可是整個村莊裡面的氣氛非常的蕭條、陰鬱，他們要面對幾乎是要「滅庄」的處境。因為家庭背景和生命經歷，龍瑛宗面對死亡的悲劇性，成為他文學特質——他的「文學」跟他的「客庄的地方感」有著非常密切的關係。

北埔是山城小鎮，「淺丘」的視野是龍瑛宗小說舞臺中，自然書寫非常重要的一部分；從山上直下的「俯視客庄」的景致也常常會出現在他的小說中——生命印記還有空間感，會反應在他的文學作品。

臺灣詩史中，從來沒有人認為龍瑛宗是一位詩人；反而是舒蘭的《中國新詩史話》第三冊把龍瑛宗收錄進去。龍瑛宗說：「殖民時代的臺灣，各地方受到壓抑，只有『詩』可以飛翔於自由幻想的世界。」尤其是透過詩作〈歡鬧〉，很難翻譯的「笑了笑過的笑」這一句詩，我簡單的跟大家介紹一下龍瑛宗的「地方感」。

朱宥勳：剛剛算最特別、最有趣的地方是，一般很少用「詩」的角度看龍瑛宗；大部分時候，第一個是講「小說」，而且都集中在特定幾篇，像是〈植有木瓜樹的小鎮〉等等。不過，我們剛剛這樣看過來，即便不是看日文原文，都還是能感覺到那個視角以及意象羅列的詩意。接下來，請清鴻來分享，另一個關於日治時期客家文學的主題。

我本客屬人，鄉言更自忘

鄭清鴻：大家好，我是屏東人，所以聽得懂一點點客家話，但沒辦法用客家話發言。我本身對臺灣文學史、臺語文學、本土語文相關的議題有些研究，初衷是會去處理包括「臺語文學」、「客語文學」等當代母語文學以及它們的歷史，為什麼不會在臺灣文學史著作中被提到？文學史不太會去提，但民間的創作其實非常有能量，數量也很多。

我在研究上雖然以臺語為主，可事實上它是個「貫穿100年」的問題。從1920年代開始討論「臺灣文學如何現代化」的語言選擇問題，到現在我們努力推動本土語文傳承、文學創作書寫等等的狀況，它是100年來我們沒有辦法完全解決、一個「現在進行式」的問題。

鄭清鴻

前衛出版社主編。國立臺灣師範大學臺灣語文學系碩士。曾任永和社區大學臺灣文學課程講師、捍衛臺灣文史青年組合成員。學術興趣為臺灣文學本土論、文學史研究、本土語文議題、文學博物館與轉譯等。

所以，我的關注會在於「多元族群觀點」如何去詮釋過去發生的事實——如何去釐清多元族群、語言、文化的共融共和？我們未來會面對挑戰甚至是更多的新住民，

所謂臺灣「本土性」或「群體性」如何在語言、文學這個議題上建構起來？這其實是需要一直滾動式討論、修正的話題。

剛剛宥勳有提到，前衛出版社去年出版了閩南語版的《小王子》，造成了一些話題；但是事實上，過去已經有幾個相當重要的世界文學臺譯計劃，早就累積了一些成果。而在前衛的閩南語版《小王子》之前，也有兩本客語版的《小王子》出版，比較可惜是它沒有引起太多注意——可能是客語版的沒有做有聲書，或者是在當時的技術上，它沒有辦法得到比較多的曝光。必須要先說的是，像這種本土語文的翻譯或創作，其實是「多線並進」、「多語推展」，如何去掌握各個不同語族的發展？在目前的藝文環境當中，有什麼對話或碰撞的空間？這是在過程當中，我自己感受很深的部分。

從臺灣話文論爭開始，日本時代的客家作家真的是比日本的壓縮機還要稀少——那個時代繁雜、混亂。賴和是很好的切入點，作為臺灣新文學之父，開啟了臺灣的白話文學創作一個新的里程碑；後代很多的作家也受到他的啟蒙與指導。大家現在談論賴和，還是會以「臺灣新文學之父」的身分，但比較少去討論到他「客家」的身分。

「我本客屬人，鄉言更自忘」作為非常有限的依據，意思是：他覺得自己是客家人，但忘記自己的母語而感到慚愧。問題是，他有這樣的感懷，卻不見得完全反應在他的人生歷練或創作當中。從比較寬泛的角度或觀察的視野來說，賴和可能不完全是客家人，因為光是用籍貫或詩句，其實沒辦法判斷賴和是不是客家人——賴和在身分認同上雖然有一點客家認同，可是在他的日常生活與創作實務當中，客家的部分會比較淡薄。所以，當我們以「賴和」作為討論日本時代客家文學的起點，中間必

須有很多細部層次的討論問題。

再來，其實當時賴和的狀況比較像是「被閩南人同化的客家人」——如果他本身真的是客家人的話——客家專屬的公領域較小，意思就是說「邊界非常明確」。可是對黃石輝來說，鄉土文學的概念就等於是臺灣文學：當時臺灣在被日本殖民的狀況下，大家要建構一個民族認同，邊界在哪裡？其中包含哪些成分？言文一致的方向、文學大眾化的主張，對黃石輝而言，臺灣話文其實是包含階級關懷、人本主義關懷、語言文化族群關懷，畢其功於一役的選項。

但臺灣話文的支持者如莊垂勝，也不得不反思這些論述的細節，在當時的狀況下，大家急遽要形成一個語言、明確的主體認同的時候，沒有辦法很細緻的去處理這種多元族群的內部矛盾。面對質疑，黃石輝的回答非常有代表性：客人不通閩南話的也很少，的確是事實。但我個人覺得答得不好，總而言之就是漳、泉語有統一臺灣的趨勢，他有點要挾這個勢頭去加速「臺灣話」的統一。

然而，放在那個時代背景去理解，這些矛盾其實是沒有多少討論機會，最多是在報紙上面交鋒，甚至流於謾罵和無意義的攻擊導致失焦。賴和作為「隱性」的客家人，以及針對臺灣話文提出比較激烈反對意見、後期才加入的「邱春榮」，可以發現當時客家人數相對比較少，這個公領域裡面可能發言的又相對更少了，所以他們理所當然會想要先拿到「語言」的詮釋權，才能夠去討論應該要做什麼樣的文學創作或發表什麼主張。所以，其實當時沒有辦法去討論到底臺灣的文化是什麼，或面對臺灣文化多元做相對深入的論述。

朱宥勳：這些事情確實都很困難，再往下深究會發現整個的時代脈絡很麻煩。清鴻

反覆講了「他們那個時代沒辦法」；我覺得現在這個時代有個不一樣的意義，就是現在我們有辦法了，接下來我們要做什麼？接下來有請甘耀明老師。

一步一腳印地走入大地的精神──用腳來測量臺灣

甘耀明：大家好，今天非常高興全程講客家話與大家聊天。由我介紹吳濁流先生是出於特殊緣分，因為我是苗栗人，吳濁流的第二故鄉是苗栗西湖鄉。請看這些PTT照片，是日前我到西湖步行，沿途拍攝，稻浪、微風與藍天，請揣摩這些風景，這是吳濁流曾走過的路和看過的稻浪。回想我進入大學的1990年代，當時所學都是以中國古典文學為主，很少讀臺灣現代文學，臨將畢業時，我出於對現代文學創作的渴求，讀到《亞細亞的孤兒》，當時讀本是遠景出版社的張良澤先生譯本，翻譯得非常好，譯本展現翻譯水準：信、達、雅──原來臺灣本土也可以看得到這麼好的文學，我深以為。

甘耀明

小說家。國立東華大學創作與英語文學研究所藝術碩士。著有《成為真正的人》、《神秘列車》、《水鬼學校和失去媽媽的水獺》、《殺鬼》、《喪禮上的故事》、《邦查女孩》、《冬將軍來的夏天》等書。曾獲臺北國際書展大獎、開卷年度十大好書獎、臺灣文學獎長篇小說金典獎、金鼎獎、香港紅樓夢獎決審團獎、金石堂十大影響力好書獎等。

在此先說明我對西湖的記憶。猶記得大學時，我從將軍山（貓貍山）翻山越嶺，騎摩托車前往西湖老街，當時的西湖街道比較安靜；拜現在地方文化的復興之風，各鄉展現特色，西湖老街如今比較熱鬧。吳濁流在《亞細亞的孤兒》描述的雲梯書院，我親自去看；不過現場所見有些失望，是一般宮廟（宣王宮）。但是其中非常特別之處，廟中書櫃放不少現代文學的書籍，有別於放佛書，其中有楊牧等人著作，這段旅程中的所見所聞讓我覺得很新鮮。

吳濁流寫了非常多漢詩，所到之處，有感而發就寫，包括我剛剛所講的將軍山，他當初花了數小時攀越、前往苗栗市遊玩時，便寫漢詩吟詠。為什麼他會到西湖教書？話說 1921 年臺灣文化協會成立，臺北師範學校畢業的吳濁流回到故鄉新竹教書，在北埔教書之後，受到了第二次世界大戰後民權運動和自由思想的影響，寫了〈論學校教育與自治〉，批評了督學與教育體制，認為對於自由教育非常不當，後來被當局認為是不良教師，才調去苗栗教書——西湖鄉可以說是孕育他漢詩文化和現代文學的地方，也讓西湖成了他自言的「第二故鄉」。

我是寫小說的人，深知吳濁流《亞細亞的孤兒》的藝術性，心想可以走讀吳濁流往昔走過的西湖旅途，更貼近小說。我認為「走路」是可以了解文學最好的方式，彷彿靠近閱讀速度，那次西湖漫步，我專注走行七小時，大概是閱讀一本書的速度。1922 年吳濁流到西湖教書，從銅鑼火車站出站，搭輕便車到西湖街，從此展開 15 年西湖生活，從教書、結婚到生子都在這，這成了他的故鄉。

對於《亞細亞的孤兒》的地景想像，我是透過踏查照片，貼近作者生命，比如「鴨母坑」附近的稻田小徑，翠綠美好，我想到吳濁流最迷人的故事。當時年輕的吳濁流，某次「打夜學」（夜校教學）之後，決心不睡，走夜路前去苗栗市，隔日逛玩。

走夜路時，幾位伴行的客家女孩，在某個休憩的路旁唱起山歌，歌聲清澈，宛如月光流盪，那樣如詩美好的夜晚，一位唱歌的女孩把頭輕靠在吳濁流肩上。他遂有了「美好時刻」恍惚感，有了想婚念頭。我覺得這樣子的小事，透過吳濁流事後的回憶描寫，著實令我感動，那樣的生命悸動，不一定非得什麼大事情，輕輕微微的小晃盪也很迷人。

不少老一輩客家人，喜歡提起1895年對抗日本統治的「乙未戰爭」精神，吳濁流就是傳承者，在《亞細亞的孤兒》裡完全呈現對現實的對抗精神。而我能做的體驗，似乎只能從西湖步行，感覺吳濁流先生一步一腳印地走入大地的精神——用腳來測量臺灣。最後給大家看一張苦楝樹相片，正值落葉蕭索，但屹立大地，樹木位在劉恩寬古宅附近，這可能是吳濁流後來再訪西湖鄉所見的樹，亦符合《亞細亞的孤兒》開始描寫的「苦楝花開的時節」，我以此作結。

朱宥勳：謝謝甘耀明老師的分享。延續剛剛甘耀明老師使用的方法，我們剛剛都談到了過去的文學研究與作品中客家作家各式各樣的身影，他們看到什麼、想到什麼、寫了什麼。那現在呢？在過去的戰後戒嚴時期一直到80年代，臺灣的本土文學研究經歷了辛苦過程：我們至少先讓它不要被消滅。現在這個階段已經過去了，下一階段是我們怎麼讓外面的人能看到？這是一個反攻的過程。

第二回合，要請三位講者可以用我們現代的觀點來看：大家會怎麼把日治時期客家文學的資源或是思想上的遺產重新活化，或是轉換成現代的文化形式？

王惠珍，《戰鼓聲中的
殖民地書寫：作家龍瑛
宗的文學軌跡》，2014
年，臺北：國立臺灣大
學出版中心。（照片提供
／文訊文藝資料中心）

吳濁流，《亞細亞的孤
兒》，1993年，新北：
遠景。（照片提供／文訊
文藝資料中心）

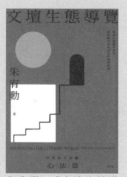

朱宥勳，《文壇生態導
覽》，2020年，臺北：
大塊文化。（照片提供／
文訊文藝資料中心）

甘耀明，《成為真正的
人》，2021年，臺北：
寶瓶文化。

重新活化及連結，關鍵就是要先「讀」

王惠珍：我相距12年重新再開了一門課。當時就想，該用什麼新方式，讓龍瑛宗的文學重新被閱讀、被看見？我覺得，在學院的基礎功一定要奠定好，所以要求學生「全集式」的閱讀，也邀請清鴻來講「拾藏」轉譯的經驗；在讀詩的時候，也提醒同學龍瑛宗是一個「現代主義派」的作家。

在小說人物之外，龍瑛宗的詩作中也有許多文學特色，有很多顏色一直「蹦」出來。有同學就把作品中出現顏色的「色票」挑出來，作為主視覺的設計——海報中所出現的顏色，都是龍瑛宗作品中所出現的。迎合目前年輕人的QRCode放進網頁裡面，跳出詩的「文字」，從視覺的顏色和設計去認識龍瑛宗「詩人」的身分。

這個展覽對我來說最大的挑戰是「募款」，但同時沒有來自公家標案的約束，可以自由發揮，像是龍瑛宗的詩很自由；剛剛甘耀明老師的「走讀」過程，也帶給我許多的靈感跟提示，謝謝。

鄭清鴻：現在了解這段文學史和現況之後，對於研究者們來說，都會希望可以跟社會對話，把這些東西送出去。但是立基點到底是什麼？怎麼送？現在一般社會大眾接受資訊的管道，以及為什麼要接受這些資訊？——比如文學推廣，要大家讀完《新編賴和全集》，怎麼可能？大家逐漸跟閱讀脫節，這是另一個問題。

我這幾年跟臺灣文學館合作，去做博物館展品的轉譯。這有一個重要的出發點：該怎麼樣把這些東西重新放回現實生活的脈絡當中讓人去感受？大家可能沒有辦法馬上對文本內容有相當的體會——你要了解一篇短篇小說，至少要讀完那一萬字，這

是一個很現實的問題。出版業的感受特別明顯，怎麼讓這個東西轉化？讓大家多次、分批的咀嚼，而且可以透過不同的媒體、不同媒介的狀況，對於這個東西有一點點的認識。轉譯，或者是說我們現在在做各種文學、文史研究、推廣的出發點，其實就是市場行銷，其中包括研究、產出、資訊的傳達等等，要更普及甚至形成更多元的系統，我認為現在已經開始發生了。回到客家文學，現在怎麼去理解所謂的客家文學或語文的發展？我一開始就是抱著這樣的問題意識在寫我的論文——所以才會大膽地提出一個假設，如果賴和他真的是客家人，也會講客家

2021年11月20日至2022年1月16日，龍瑛宗文學館，龍瑛宗文豪詩色拾藏展 Literary Pantone。策展人為陳庭庭及吳姿儀。（照片提供／陳庭庭）

話，那日治時期臺灣話文論戰的發展就會變得非常有趣。

甘耀明：要講客家文學，首先要讀客家文學著作；沒有讀著作，就不會有什麼開展的機會。大家多讀賴和、龍瑛宗、吳濁流，從而得知那個時代發生了什麼事，才有活化文學的機會。我寫《殺鬼》和《成為真正的人》兩書，以日治時代環境為主，

但這不是個人經歷，而是想像的經歷。可以這麼說，日本時代作家寫的書，可以視為現場性的「歷史小說」，透過作者的經驗，我們可以更親臨歷史現場。

日治時代作家們的觀察，更為細微，留下來繽紛細節。現在很多的小說作者寫歷史小說，必定做「田野調查」，去蒐集許多日治時代的環境氣氛；但我覺得，讀這些作者的小說，其實就等於踏進田野調查的資料庫──吳濁流《亞細亞的孤兒》和龍瑛宗〈植有木瓜樹的小鎮〉，都表達出當時的文化精神。所以我還是強調，要去讀著作，才可以了解什麼是「歷史小說」。

朱宥勳：語言在本質上就會有不同的世界觀，細微的用字跟語句都會看到講事情的方式完全不一樣，我覺得這也是文學最可貴的地方，精準的表達之外，多樣性也會帶來多種的文化美感。而客家文化早就在臺灣文學史上留下很多可能的遺產，等待我們去挖掘出來。今天就跟各位分享到這邊。

延伸
閱讀

《客家話小王子》

聖修伯里（Antoine de Saint-Exupéry）著，徐兆泉譯，2000年由南天書局出版。譯者有感於客語教學的閱讀教材稀少，選用閱讀率高的經典寓言童話小說《小王子》翻譯成客語，以「通用拼音」標注苗栗腔客家話。除了增加客語的使用範圍，也同時推廣給非客語族群認識客語。書中以華語補充客語缺乏的詞彙，並將客語漢字難詞標註。全書收錄27篇。

在冰層裡，護持文學的種子
——經歷戒嚴壓抑的客家作家

時　　間：2022 年 3 月 19 日（六）14:00 至 16:00
地　　點：左轉有書（臺北市中正區鎮江街 3-1 號）
召 集 人：

　　　　　朱　宥　勳／小說家、文學與文化評論者

與 談 人：

　　　　　王　欣　瑜／鍾理和文教基金會專案研究員
　　　　　白　佳　琳／賴和文教基金會執行長
　　　　　劉　抒　苑／龍瑛宗文學藝術教育基金會執行長
　　　　　蔡　濟　民／桃園市客家文化基金會專任副執行長
　　　　　簡　弘　毅／國立臺灣文學館展示組研究助理

記錄整理：江　怡　瑄
攝　　影：鄧　婷　文

朱宥勳：大家若是了解臺文歷史，一定會好奇，戒嚴時期的文學怎麼會談到龍瑛宗？容我為大家解釋今天這樣安排的概念。對我而言，戒嚴時期的作家不只有當時還活著的，是指他的文學作品應該被發揚光大，只是在戒嚴時被埋沒了，比如賴和、龍瑛宗、鍾理和就是在戒嚴時期被限制的人。今天要討論這些作家在戒嚴時期造成的效應與影響，此刻我想到作家張亦絢在《永別書》裡寫呂赫若的故事，她這樣寫道：「如果記憶可以在別人的手上生長，那該有多好？」我想說的是，如果不是只有家屬，他的文學記憶可以在別人手上茁壯，那臺灣文學將會遍地開花，所以說這句話對我們的臺灣文學有強大的影響。進入今天的主題，這次從文學作家跟臺灣社會的關係來談，先請臺文館的簡弘毅先生來說說，臺文館裡的客家文學是如何進行的？

臺灣文學史的精華，熠熠生輝的作家們

簡弘毅：身為半個客家子弟，來這邊跟大家一起討論客家文學，是很大的感動。臺文館位在臺南，剛剛宥勳提到戒嚴時期的種種壓抑，臺文館某種程度上是解嚴後，思想衝撞後的產物之一。它是一個以臺灣文學為基地的博物館，整個臺灣文學很長一段時間是被壓抑、不被重視的，直到被重新認識的歷程中，有一段很漫長的發展歷史。今天要談客家文學在臺文史上的意義，雖說我們不是「臺灣客家文學館」，不過即使去掉客家身分，鍾理和、龍瑛宗、賴和仍在文學史上有重要的地位。從清朝起一字排開，許多作家都是客籍的，包括吳濁流、詹冰、李喬等等，不論是不是用母語寫作，都對臺灣文學造成一定的影響力。我們文學館做過許多展覽，今天挑選了跟客籍作家相關的展覽跟大家談談，實際上只要是書寫臺灣土地的故事，都是這個館典藏、展示的範圍。從臺文館的角度，我們不會以族群作為分類或重要性的前提，但是不可否認的是，這麼多優秀作家大多是客家人，這在文學史上也有一定的比例。

首先是龍瑛宗，臺文館有非常多批的捐贈文物，批次「0001號」的，就是龍瑛宗本人捐贈的，這對我們來說是很特殊的意義。在2015年我們舉辦了「不為人知的幸福──龍瑛宗捐贈展」，盡量不讓龍瑛宗展只是放置展示性的展品，我們的目的是把它立體化，讓民眾能更容易地去接觸文學。展場內設置了一個書房，弄成一個寫作空間，我們要呈現的是作家的生活樣貌，所以幫他做了一些跟銀行生活相關的物件擺設（龍瑛宗從前在銀行上班），比如算盤之類，讓大家對他的生活以及職業有具體的想像與感受。

簡弘毅

國立臺灣文學館展示組研究助理。靜宜大學中國文學系碩士，關注領域為臺灣現當代文學、文學展示、當代流行音樂等。策劃展覽近30檔，及文學研究、推廣教育活動等多項專案。

鍾肇政的部分也是，2003年開館時，我們邀請他來揮毫館名的匾額，這個儀式代表著他是臺灣文學的帶領者。我們還把鍾肇政寫作的書桌搬出來展示，也呈現他在客語文學、客家文化的貢獻，我們不是把它定位為客家作家來展出，注重的是他在臺灣文學上的成就。

女詩人方面，杜潘芳格是一位很努力的詩人，在展覽上不只是呈現客家語言的部分，我們也強調她的女性意識。李喬的部分我們運用科技裝置，觸摸一個按鍵就可

國立臺灣文學館，前身為日治時期臺南州廳，落成
於1916年，修復整建後，2003年由國立臺灣文學館
開館營運。（照片提供／文訊文藝資料中心）

以聽到李喬朗誦的聲音，觀眾能搭配著會動的手稿字跡，聽到非常渾厚、有力的嗓音。除此，科技的好處讓我們可以呈現其他客語作家如利玉芳、曾貴海的聲音，這是一種眾聲喧嘩的呈現方式。另外還有館外的文學燈箱裝置、紙上讀書會、文學籤詩機，各種手法、設計藏在裡面，我們用這些方式讓大家可以隨時隨地地閱讀這些作家的作品。於此，希望讓臺灣文學的豐富面貌能夠被大家看到。

朱宥勳：簡先生剛剛說到，只要在臺灣文學史裡把客家作家標記出來，就會發現人數是很多的，這就是為什麼我們說這是文學裡的客家力量，你只要把族群意識打開，就會發現到處都是客家人，這個比例是很高的。接下來我們要談的是賴和，這一部分值得思考的是客家族群的邊界問題。賴和說他自己是客家人，但他不會講客家話，且他的作品大多是閩南語語感，這中間的族群交會就非常有意思。賴和住院時對楊雲萍說：「我們弄了這麼多年的臺灣文學運動，可能不會有人記得了。」後來臺灣文學受到重視，賴和的預言被逆轉了，現在請白佳琳執行長分享賴和基金會如何推廣賴和文學遺產。

一座文學城市的想像

白佳琳：隨著政權轉移，賴和的身分也不斷轉變。他過世後曾進到忠烈祠，後來又被請出，最後又被請入，他曾被說是抗日烈士、臺共，1984年才有人說他是文學裡的左派。我必須說，現在我們還有賴和的作品可以閱讀，很仰賴他家人的保存工作。賴和基金會從1994年開始，至今已是2022年，我想稍微談一下我們做了哪些事情。我們在做的是一座文學城市的想像，希望深耕彰化，讓在地的學生、居民都能對這件事有一個基本的意識。現在的賴和紀念館就是從前的賴和醫館，我們秉持的是在野立場、人道關懷、批判精神，因此辦了許多比如醫療貢獻、研究獎學金、文

學營隊、音樂會等等的活動。賴和
音樂節每年都舉辦，為期一個月，
包括了文學音樂會、文學小旅行，
以及到賴和的墓地獻花。我們一直
在想，要如何讓年輕的高中生認識
賴和，因此我們以年輕的賴和作為
宣傳形象，讓他拿著一把吉他與收
音機，想跟年輕人的思維更靠近一
些。賴和音樂會是一個展示文化的
平臺，音樂是重要的元素，我們找
了客家音樂人、原住民樂手表演，
讓平常較少被注意的音樂重新受到
注目。

2010年我們還推行「議題聲援」，
彰化地區有國光石化的議題，賴和
的生活環境就在彰化，他的文學

白佳琳
賴和文教基金會執行長。國立中興大學臺灣文學與跨國文
化研究所碩士。大學階段初識賴和、臺灣文學。

也都扣緊彰化書寫，因此我們用文學歷史、地景培訓營造城市願景。2021年我們以
「畫作」的方式推廣，陳澄波1932年曾經來到彰化，留下非常多的畫作，於是我們就
以賴和的詩作搭配陳澄波的畫作，做一場畫展。賴和也是《臺灣民間文學集》的資
助者，封面的那幅圖就是陳澄波畫的，這是很有趣的發現，原來文學跟當時繪畫的
關係已經有了一些精彩的互動。基金會跟紀念館常來的是高中生，因為老師們會要
求他們來，所以我們就請靜宜大學的老師們幫我們設計一個較年輕版的館舍介紹。
107至109年度我們做了AR賴和書房，近年受到臺文館的幫助，有「大館帶小館」

的計畫，今年則完成了實境遊戲的開發。以上大概就是基金會近年的工作。

朱宥勳：從賴和這邊就可以延伸到另一位重要的日治時期作家龍瑛宗，當時我開了一個club house，有一個聽眾問了很多精確的問題，一問之下才知道原來是龍瑛宗孫女——劉抒苑老師。在談臺灣文學的時候，有很多後人就會來加入討論，我們就會感受到這種浪漫性。現在就請劉老師來談談您的祖父龍瑛宗。

賴和紀念館文學推廣活動，講師白佳琳。
（照片提供／白佳琳）

年輕人，記得臺灣的模樣

劉抒苑：我一開始接到參詳的邀約，題綱是龍瑛宗與客家的淵源、龍瑛宗的寫作歷程，以及最後是龍瑛宗文學館現在在做的事，因此今天會在這些架構上來談。龍瑛宗是100%的客家人，我是第六代，我們的祖先到了北埔開墾，小時候對北埔沒有太深刻的印象，因為祖父17歲時就離開北埔了。我後來發現北埔是一個很迷人的地方，這裡為龍瑛宗的寫作提供許多素材，包括顏色、熱帶水果等等，也組成了他寫作的風格。我來參與討論之前，讀了他的隨筆，當時寫的時候是戒嚴時期。長大後才知道，原來我們小時候幫他寄這些文稿，就是拿去投稿報刊的文章。國民政府來了，對他的寫作是很大的障礙。他本人經歷過兩次語言轉換的問題，他說

劉抒苑

龍瑛宗文學藝術教育基金會執行長，目前服務於中華航空公共關係室。國立臺灣大學圖書資訊學系畢業。龍瑛宗孫女，父親為龍瑛宗次子劉知甫先生。協助龍瑛宗文學館成立，統籌現階段營運及推廣。

他非常羨慕音樂家、畫家，同樣是創作者，語言卻成為他寫作上很大的阻礙。他到合作金庫上班，一直到退休期間，就是他拚命學習中文的時期。龍瑛宗隨筆裡面有一篇文章就叫作〈小老師〉，他講到當時的作家都有他學習中文的小老師，楊逵也有

他的小老師，就是他念大學的孫女楊翠。那麼龍瑛宗的小老師就是我們，經過30年的學習，終於寫出了他自己的中文創作。

我對這件事是很感動的，他對文學有使命感，他說自己身為一位作家，經歷兩個時代，寫這些是為了讓臺灣的年輕人記得臺灣的模樣。他認為自己最後還是要用中文寫作，才對得起自己的祖先，比如〈杜甫在長安〉這樣的作品。我認為他是一個很有策略性的作家，他發現到他的讀者已經變成使用中文的人了，所以他就回去修改自己的作品，比如從日本視角到臺人視角的轉換。祖父是一個對物品很有感情的人，他留下很多東西，比如日本高校生的金鈕子等等，都是一些很細微的東西，這些我們都捐給臺灣文學館來保存。剛剛說到賴和的家人會把他的文章、物件藏在閣樓，以前龍瑛宗是把自己藏在閣樓裡，他很擔心被政府「錯抓」，他醉心於文學，因此對待政治是很謹慎的。

在我父親的時代，非常希望成立一個龍瑛宗的文學館，但遇到很多問題，沒想到在我這一代就自然地成立了。基金會前六年我們都沒有很積極做些什麼，但文學館成立了，我們就有一個據點，可以開始去做一些活動讓大家認識龍瑛宗。北埔是一個易達性不高的地方，很難說服大家來，有一次我們為了吸引年輕人來，所以搭配知名韓劇《魷魚遊戲》。弄了半天只有兩個人報名參加，但我要找十個工讀生，還要做一個舞臺劇，需要找演員、燈光師，工作人員就大概20個，根本不敷成本。後來連工作人員都跳下來一起玩，其實也達到我的目的，這20個人包括其他演員都認識了龍瑛宗。我很感謝現在有這個文學館，我覺得每一代有自己的功課，我們的文學館、博物館真的要好好留下來。有了現在的據點，我只要把龍瑛宗文學館的名號散布出去，以後知道的人就會來到這裡參觀。

龍瑛宗文學館，原為北埔公學校日式宿舍，2017 年登錄為歷史建築，2020 年規劃為龍瑛宗文學館。（照片提供／文訊文藝資料中心）

朱宥勳：十幾年前讀研究所的時候，聽說北埔有龍瑛宗故居，我大老遠跑去找卻沒有找到一個確切的地點。後來聽說有文學館成立了，我就很興奮。去年我跟朱立倫打了一場筆戰，他談到了臺灣文學的某些問題，我寫了一篇文章去反駁，我說我認為這些作家的寫作，是因為黨國關係被斬斷傳播的後路了。無論如何，我們從事的這一些行動，讓臺灣文學的這些事浮上檯面，讓大家也了解到，當年原來有這樣的故事。談完了日治時期的作家，接下來我們談戰後，請鍾理和文教基金會的王欣瑜研究員來談談鍾理和的代表性歷程。

「偉大的藝術會發芽、掙扎著生長」

王欣瑜：作為一個非客家人來談鍾理和，因為我是先認識他的文學才去了解他的客家成分，要在這中間找到一個關係，對我來說是有點難的；當然鍾理和的文學主

題、語言、小說手法，都有非常強烈的客家象徵，比如把客家山歌融入寫作。鍾理和住在美濃，而他住在哪邊，就把那個地方的特性書寫出來；像《笠山農場》是一種較寫實主義的寫作趨向，我發現許多客家作家都有這個傾向，可能跟民族性也有關係。鍾理和回應鍾肇政在《文友通訊》提的討論主題「關於臺灣方言之我見」時，鍾理和認為閩南語雖然是當時通行的語言，就算這些年輕人會說閩南語，會用閩南語寫作又是另一件事；又如果大家都用「方言」，各省人民會產生許多誤會，所以他認為統一使用中文寫作可以解決這個問題。不過後來鍾理和透過文友討論發現這問題可以分成「方言文學」跟「文學中的方言」，為了凸顯臺灣文學，是可以

在文學中盡量使用方言的；比如他就在《笠山農場》的結尾寫了一首山歌，來總結農場的淒涼處境。鍾理和也有記錄臺灣客家民間文學，他有一些東西無意識地受到母語的影響，比如說鍾理和日記裡有一句話：「我們幾時始可能從神的鐐銙擺脫『出』來呢？」他的手稿其實是寫「擺脫『開』來」，明顯受到了客語影響，如果之後全集有機會再版的話，建議可以放進去讓大家參照，我們就更能了解他到底是如何受到客語語言的影響。

王欣瑜

鍾理和文教基金會專案研究員。國立清華大學臺灣文學所碩士，2011年曾任職於鍾理和紀念館兩年，赴臺北擔任報社文字編輯五年後，2020年4月重返美濃擔任相同職務。

他的東西不合時政，在一個南部的鄉村也沒有人理解他的作家身分，

因此《文友通訊》在反共文學之下，作為臺籍作家的生存之道的一個刊物，對鍾理和來說幫助非常大。當時鍾肇政會幫他投稿到報刊，鍾理和也因此認識了當時《聯合報》副刊的主編林海音。據林海音回憶，每個月的副刊平均至少會有一篇刊載鍾理和的作品。當時廖清秀對他的評價是「媲美魯迅的〈故鄉〉」，陳映真則說「偉大的藝術會發芽、掙扎著生長」，藉此鼓勵鍾理和，且肯定他的才華。這兩年我們基金會在做口述歷史，也以此延伸為相關活動，我們請到他的女兒鍾鐵英和鍾理和的媳婦，現場呈現鍾台妹當時會做給鍾理和吃的菜；例如他們夫妻曾一起去北京，所以台妹會做很多麵食，我們就辦了一個「台妹餐桌讀聚會」。我們也錄製文學朗讀，請鍾理和的孫女鍾舜文和鍾永豐，朗讀華語和客語版的〈我的書齋〉。2018年後陸續做了館舍更新，比如2019年用鍾理和傳記改編電影《原鄉人》做特展，去年則是在閱讀區做了小變化。文學營的部分，則是從1996年起，每年都會舉辦笠山文學營。

朱宥勳：我覺得很多臺灣作家介於一個奇特狀態，普羅大眾不太知道，但專業領域的人會覺得聽來聽去都是他們，話雖如此，仍然還有很多東西是我們可以去挖掘的。今天的最後一位是桃園市客家文化基金會的蔡濟民副執行長，請他來談談鍾肇政，在臺灣文學裡，鍾肇政、鍾理和都是重要的作家及文學領頭人。

「我的名字有這麼重要嗎？」從地方共識到公共政策

蔡濟民：感謝主辦單位邀請我來參加這次的參詳沙龍，要跟大家分享的是，這十年來經營鍾肇政生活園區的背景和推動過程。我大學讀的是資訊傳播，研究所則念藝術管理，也就是說在參與這個計畫之前，跟臺灣文學的互動很低。不過我一直記得高中教材裡有一篇賴和的〈一桿稱子〉，這個故事對高中生的衝擊是很大的。於是在十年前投入這個計畫的時候，發現有賴和文教基金會，我就很興奮地跑去看。我

第一次聽到鍾肇政這個名字的時候覺得很陌生，後來才知道他是《魯冰花》的原著小說寫作者。我的求學背景是藝術管理，對於一個空間如何變成文學館是很有興趣的，但臺灣文學是很複雜的，我花了十年的時間，到現在都還在學習。國高中時，我的國文成績很不錯，所以在這份工作中可以看小說是享受的。我對龍潭這個地區

2021年10月3日至31日，台妹餐桌讀聚會活動。（照片提供／鍾理和文教基金會）

2022年，笠山文學營，2002年起每年舉辦。（照片提供／鍾理和文教基金會）

沒有什麼感覺，不過因為我的背景關係，現在我們在推廣生態、無牆博物館，努力讓藝術、文學可以進入街區跟民眾的生活。其實一開始我們規劃沒有這麼廣，但希望推動無牆博物館，我們發現鍾老師在文學裡提到龍潭地景的部分，於是邊看他的作品就一邊標記，以便將來可以把地景這塊跟文學結合。做這些會回應到資訊傳播的能力，並且數位化，把它變得很有系統脈絡，這就是我的專長了。

在客家這一塊，有一個困境很容易在客家庄發生，一般外來人進到客家庄要做訪問，很容易碰到軟釘子。在外面或臺灣文學史上，我們會覺得鍾老是響噹噹的人物，但進到地方上的時候，居民會覺得鍾肇政連主任、校長都沒當過，憑什麼給他「鍾老」這麼高的評價？居民甚至覺得，乾脆把他住過的日治宿舍打掉變成停車場或公園，還比較實用。面對這樣的困境，我們一直在找尋一個策略，讓他們去理解鍾肇政在文學上的貢獻。我們挑的第一部小說就是《魯冰花》，裡頭設定的角色——郭雲天老師，他是念美術系的老師，照理來說就是會很了解藝術史。當郭老師脫口而出這是「馬蒂斯的風格」，我們一下子就對古阿明的作品風格有了深刻的印象。又說這是「林布蘭的光」，這對於我們這些念藝術史的人來說是一個正連結，也因此能夠

蔡濟民

財團法人桃園市客家文化基金會專任副執行長、客家委員會諮詢委員。元智大學藝術管理研究所碩士，曾任菱潭街興創基地執行長、鍾肇政文學生活園區駐地工作站研究人員，參與園區發展推動及地方創生實踐，關心文史、文學、藝術、文資、景觀與文化經濟的走讀漫遊。

參詳沙龍會後合照，左起：劉抒苑、白佳琳、封德屏、朱宥勳、簡弘毅、蔡濟民、王欣瑜。

更有信心地去做地方上的推廣。我們後來辦了龍潭藝術季，把這些文本給龍潭的在地藝術家們去讀，在這個計畫中也帶入國小學生，共同集結出共識以及培訓龍潭文學地景的導覽員，讓大家對鍾老的文學印象作一個翻轉。朱宥勳有一本書叫作《他們沒在寫小說的時候》，我也很推薦大家去讀，可以藉此多多認識鍾肇政。

回到文學園區，鍾肇政文學生活園區一開始叫「龍潭文學館」，我們跟鍾老說要以他的名字來命名，他跟我們說：「我的名字有這麼重要嗎？我的名字都是其次，臺灣文學才是最重要的。」包括這句話，他這幾年一直給我們很大的震撼教育。後來定名的「生活園區」的「生活」兩個字是想要更生活化、旅遊化、教材化，更融入大眾的生活。最後下一個小結論：鍾肇政議題在這十年內已經變成一個地方共識，甚至變成一個公共政策，在地方上鄰里也會以鍾肇政之名去提計畫，因此獲得更多資源，這也凸顯出我們與地方漸漸地形成一個共識。他不只在客家這個族群中留名，更是在

臺灣文學上重要的「鍾老」。讀他的作品可以想見當時他在龍潭這個地方寫作、生活的情景，也歡迎大家有機會來到鍾肇政文學生活園區體會一下。

朱宥勳：最後我做一個結語，《遇見文學美麗島》這本書中，採訪了 25 個文學館，同時推廣這些作家為何重要，為什麼他需要一個文學館？我負責採訪的是鍾肇政文學館，但當時採訪的地點跟現在這個生活園區是不一樣的地方，也就是說還有更多東西可以被發掘，希望大家有空帶著這本書去各個文學館走走。到了 2022 年，許多臺灣文學的成果慢慢生成，也給我們一些危機感：我們來得及在文學市場萎靡之前，讓大家了解這些東西嗎？藉由這次的沙龍我們看到大家都在為各個文學館努力，雖還不能說是開花結果，但已經是火力全開。我很期待有更多的討論，可以讓更多人了解這些事情，今天感謝大家的參與。

延伸
閱讀

大河小說

譯自法語 Roman-Fleuve，即巨大河流之意，指稱一系列多部長篇小說或連續性的長篇小說。內容通常以描繪一個中心人物、家族、民族或時代為主題，如普魯斯特《追憶似水年華》。臺灣文學中的大河小說，具有濃厚歷史意識，包含鍾肇政《濁流三部曲》、《臺灣人三部曲》、吳濁流《孤帆三部曲》、李喬《寒夜三部曲》、東方白《浪淘沙》和邱家洪《臺灣大風雲》等。葉石濤提出：「凡是夠得上稱為『大河小說』的長篇小說必須以整個人類的命運為其小說的觀點。」

鍾肇政，《臺灣人三部曲》，2001 年，新北：遠景。（照片提供／文訊文藝資料中心）

族群界線日漸模糊……真的嗎？
——新世紀的客家作家

時　　間：2022 年 6 月 9 日（四）14:00 至 16:00
地　　點：左轉有書（臺北市中正區鎮江街 3-1 號）
召 集 人：
　　　　　朱 宥 勳／小說家、文學與文化評論者
與 談 人：
　　　　　李 奕 樵／軟體工程師、想像朋友寫作會成員
　　　　　陳 凱 琳／作家
　　　　　張簡敏希／電視節目企畫、文字工作者
　　　　　廖 育 辰／詩人、作家
　　　　　顏 　 訥／中央研究院中國文哲研究所博士後研究員、作家
記錄整理：江 怡 瑄
攝 　 影：汪 正 翔

朱宥勳：今天是「參詳」文學領域的最後一場，之前是日治跟戒嚴時期，今天則來到最新的一個世代。我們不斷有新生代產生，今日就放開來談他們的創作經驗。我想今天的討論就分成兩個區塊：第一部分談「客家經驗」，以及客家庄與自己創作的關聯；第二部分談「語言」，在寫作客家題材的時候，要不要使用母語或本土語言創作？以上想請教各位在創作上的實務經驗。

第一位是李奕樵，前幾年出版《遊戲自黑暗》，他的小說有許多前衛的寫作方式；第二位是顏訥，出版過《幽魂訥訥》，這本書從內容到展演上都有歡樂感，也想問兩位，散文跟小說在客家書寫上有沒有不同？第三位是廖育辰，他是臺灣文學獎的客語新詩獎得主，用客語創作有很多具體的經驗；張簡敏希是客家電視的企畫，同時也是七屆的後生文學獎的得主，是很受矚目的客家新秀；最後一位是陳凱琳，她已經出版過三本書，最近一本是《曙光》，不只有客家，她還有閩南語的創作。我們首先討論各位在客家文化浸淫中長大，這些經驗在什麼層面上影響創作？有些影響並不是肉眼可見的，我很好奇在不同創作者身上如何體現客家經驗。先請第一位講者奕樵來跟大家分享。

以社群面對世界，對我而言是一種選擇

李奕樵：我是在屏東長大的，外公是一位外科醫師，來自苗栗劉家。我覺得在外公家生活像是「永遠不會結束的營隊」，診所二樓有一個巨大的長桌，三樓則是長輩們的寢室。我從小都搞不清楚所有人的稱謂，這是一個很有趣的團體生活經驗，我在外公家待到國小畢業，那就是我童年的全部。我求學之後，跟阿婆們聊天，他們都能指認我媽小時候生活的所有細節，他們在描述這些共同青春時，我想到這好像不是所有家庭生活的樣貌，父親閩南家中的人，似乎就沒有這麼緊密。兩邊都是

龐大的血緣家庭，我母系的客家家庭風貌，就比較常會聚集在一起，互相指認誰是誰的誰。這是一種群體交融的人稱關係，我很喜歡這樣的感覺，這些就影響到我的創作。我有些小說寫的是一整個群體，像是卡爾維諾〈爬滿螃蟹的貨輪〉，當一個小孩做一件事，所有的小孩就會被一起帶過去，那一群小孩就是一個獨立的生命體。

這個成長過程是我很喜歡的經驗，比如我的小說集《遊戲自黑暗》，我就把一群小孩寫在一起。我在臺北文學獎得獎的〈鴿之舞〉，那群大學生有一個淺顯的身分設定，他們是整個群體的行動，當我寫這些，就像我回到當時的客家大家庭。這個

李奕樵

軟體工程師，想像朋友寫作會成員。曾獲林榮三文學獎、Openbook好書獎、博客來年度選書推薦、臺北文學獎小說首獎，作品曾入選《九歌102年小說選》。（照片提供／李奕樵）

東西很抽象，大家會覺得這些角色都沒有個性，是一種批判，但對我而言其實是美好的天堂。以社群面對世界，對我而言是一種選擇。

朱宥勳：我第一次聽到奕樵說自己作品裡角色的客家性，我們很難在作品裡看到實質、具體的客家特質。接下來想問顏訥，對你而言，客家之於創作的意義為何？

其中不斷的錯置，也體現我「遲到的客家性」

顏訥：我覺得這個陣容很有趣，在此之前我並不知道奕樵的客家身分，像宥勳說的，我們談客家文學，是後設去談客家書寫，當作者沒有在作品中特別標誌客家身分，或者使用客家語言時，作者身分、認同與書寫之間的微妙張力應該怎麼看待？今天第一次聽奕樵用客家的脈絡分析自己的小說，和我之前的閱讀經驗就很不一樣。

顏訥

國立清華大學中國文學研究所博士，中央研究院中國文哲研究所博士後研究員，清華大學兼任助理教授。研究香港、臺灣文學傳播現象與唐宋詞、筆記中的性別文化。創作以散文、評論為主。作品曾獲全國學生文學獎、林榮三文學獎等，曾入選《九歌106年散文選》，散文創作計畫獲國家文化藝術基金會創作補助。著有散文集《幽魂訥訥》；合著有《百年降生：1900-2000臺灣文學故事》。

我的阿太（客語稱作曾祖父母，不分性別，此處指曾祖父）張七郎是新竹湖口人，小時候他的漢醫爸爸的漢學傳統，日治時期進入公學校接受現代教育，後來又到廈門英華書院學習外語和西方歐美知識，在總督府醫學校畢業。我的外公也在日本學醫，後來到滿洲國行醫。阿婆太（客語稱作曾祖母）則是新竹仕紳的女兒，結婚以後搬到花蓮鳳林。母系家族的組成雖然非常客家，但比較沒有奕樵說的群體性。我一直覺得我的客家認同是自己選擇來的，如果要說自己是什麼人，好像通常會看父系家族。我爸爸是嘉義東石，講閩南語的人，可是我不會講閩南語，因為從小我媽媽就特訓我講客語，她說：「現在不

學，你去外面是學不到客語的。」只要我用華語跟媽媽講話，她就會說聽毋識，要我再用客語講一次。為什麼說我的客家認同是自己選擇來的？因為在二二八之後，母系家族人被殺，要不就逃往國外。所以家裡人少，就算過年也是一桌坐滿，比較像是夏令營結束後的樣子，因為人煙稀少，所以我想讓自己更靠近客家。

不過從小我沒有感覺「客或非客」有明顯的界線，寒暑假回客家小鎮鳳林，每天早上起來，桌上一定會放好粄條、紅粄、米苔目、菜包。小時候的味覺是很客家的，外婆家有很多甕，時間一到就會有梅子、酒糟雞從裡頭取出來。以前沒有意識到「醃漬」是客家人的慣習，長大後才發現酒糟雞這一類客家食物不是每個非客家舌頭都可以接受。

相較於味覺，客家進入我的書寫是比較晚的。在參詳文學沙龍談戒嚴時期客家作家時，也會發現一種時差，往往比較晚才認識到作家的客家身分，或作品裡的客家元素。對於這種「遲到的客家性」，我自己是散文寫了很久之後，在《人間福報》寫「城市週記」，去想臺北對我而言是什麼？若不是書寫，我很難了解自己何時真正抵達臺北。剛到臺北時總是搞不清楚回收時間，那時才感覺進入一個地方或文化是要用所有感官去學習，並不是人到了就抵達了。就是在我總是丟錯回收物非常挫敗的時候，附近阿婆驅前，用國客語交雜問：「細妹，捱同你擲地圾」的時候，我突然很想哭。後來透過書寫回想，當國客交雜的阿婆自顧自講起海陸腔，竟沒認為我會聽不懂客語，我很少在都市地區聽到客家話，這好像是客家人在非客家聚落經常會出現的「隱身性」，預設如果講客語別人聽不懂，但阿婆沒有這樣的預設，而且她講的還是我熟悉的海陸腔，那又相較四縣腔少見。是在那一刻我覺得「我的客家性到來了」，客家以「點狀」方式進入我的寫作。恰好是疫情期間，收到三篇邀稿都是要我寫隔離生活，首先是《小日子》請我寫給自己一封信，我認為在隔離狀態，只有身

體勞動才能安定平衡內心混亂的秩序。我寫下小時候跟阿婆學做客家發糕的食譜，但因為在都市很難從大米開始做，只能買現成的粉。等待發糕蒸的時候，邊看聖嚴法師紀錄片《本來面目》，感覺自己得道了，結果打開鍋蓋蒸成了一塊年糕。另一次要做蛋糕卻蒸成發糕，有時候吃的客家味並沒有參與製作過程，這樣夠客家嗎？其中不斷的錯置，也體現我「遲到的客家性」。另外，當我要寫非常狀態中對愛的體認時，想到的是外婆教我做菜包。外婆做粄母竟然是徒手伸進沸水裡取物，第一次看到超級驚訝，後來感覺那其實是我對客家的認識。外婆是二二八受難者遺孀，所以從小我就覺得她一次又一次把手伸進燙水裡，去等待那個不痛的時刻來臨。直到某一次一個神經年輕的手在旁邊發出驚呼，才意識到原來就是時間。

朱宥勳：滲透不是一個明確的狀態，但也因此有很多新的建置出現，我們得以面向新世代的語言。客家與閩南對年輕人而言，如同本土、外省已經是一個消泯的界線，看起來是淡化了，不過我們卻可以在文學建置上有新的東西出現。接下來的廖育辰是以新詩為主的創作，請他來聊聊自己創作的客家性何在。

詔安客是「邊陲的金剛」

廖育辰：很謝謝相關單位的邀請，開始之前，我先自我介紹一下：我是古蹟修復、營建工程師，也是一位詩人。想先問大家一個問題：想到詔安客，會想到什麼？有些人會說這是什麼客？到底詔安客是什麼？我找了所有有關媒體、網路、新聞、客家電視等，詔安的關鍵字有西瓜、牛奶、醬油、香瓜、稻米，講到詔安客會想到這些，但我們並不會從這幾個關鍵字想到詔安。所以說這是一個非常大的問題，詔安客到底是什麼？被奉為詔安三寶的：開口獅（不過我並沒有，我只有總柴大人）、武術（我只有萬苣健身房、打太極）、布袋戲（我也沒有），我從小只知道數碼寶貝、

櫻桃小丸子等。非常可惜，我們的電視媒體、公共場所也好，人家會說你是詔安客，但到底有什麼特色？詔安客是一種自我認同，甚至到底客家是什麼都尚在討論。

核心關鍵是，我該如何在當代自處？如何回應當代社會的一切？我 20 多年的生活經驗中，考試、比賽、報導，到底是什麼？其實蠻可悲，因為最後發現我只剩詔安客家話，什麼都沒了。臺灣詔安客語不只是當作語言，我認為甚至可以做文學基礎，也可以變成獨一無二無可取代的藝術。詔安客有其他語言沒有的特殊性，但有什麼東西足以讓他者無法否認我們詔安的存在？詔安的三性有現代性（隨著時間空間自由流動）、共時性（民間日常中的對話，引起講客語人們的社會關懷、心流感動）、文化性（臺灣詔安客語不必成為主流，不過它有自己的意識、主體性），臺灣詔安客語必須有自己的定位。

廖育辰

別名「sin.gun」，詩人、作家、臺灣民間信仰與風俗慣習研究者。國立臺灣師範大學畢業。曾任主持人、配音員，2021 臺灣文學獎客語文學創作獎新詩得主，為臺灣張廖家廟崇遠堂詔安客家人。

我形容詔安客是「邊陲的金剛」，佛學哲學所說的金剛是無堅不摧的，前面是黑暗的世界，不過仍能照出一條路。接下來，詔安和社會議題如何牽動？我用臺灣詔安客寫出程式語言、元宇宙、區塊鏈、情慾流動的過程，跨性別、扶養比、長照、社會福利等種種議題，這反映出到底臺灣詔安客語會不會消失的問題。在去年拿到臺灣

2021年7月31日，國立臺灣文學館演講廳舉行臺灣文學獎創作獎贈獎典禮。廖育辰〈月曜日个月臺崃遐岸－0.000000001s〉榮獲客語文學創作獎新詩首獎（左二），與家人一同合照。（照片提供／廖育辰）

文學獎後，我的想法是出一本詔安的透明有聲書。不過，我現在要做的是讓臺灣詔安客家語永恆存在、無可取代、與眾不同。

朱宥勳：如果有一個人把語言當作根本，通常會以為他是一個老派的作家，但育辰卻不是這樣的形象。下一位是張簡敏希，我以前沒有注意到她，因為張典婉老師提起後生文學獎有一個連續七屆的得主，是很重要的新秀，於是引起我的興趣，找她一起來談談。

有心去認同就可以是客家人

張簡敏希：我父親是閩南人，我跟外公外婆一起長大，我的認同則是客家人。與其說將客家元素融入寫作，不如說是「寫作融入了我的客家生活」。我的生活一切都跟客家相關，我的工作就是找到大家和客家相連結的事情。提到跟客家的關係，在生活經驗中，有心去認同就可以是客家人。這兩年我開始做語言教學，我會講客家話也會講華語，但英文要加油。我是臺灣客家，在印尼、馬來西亞、日本，到

張簡敏希

電視節目企畫、文字工作者。連續七屆獲得「後生文學獎」各獎項，曾獲聯合報徵文優勝、全球華人金僑獎。文字作品有〈隔著邦加海峽彼端〉、〈半夜粥〉、〈食甜〉等。曾參與客家電視《阿公阿婆神救援》、《Go! 蔬菜小隊》等節目企畫，參與「歡喜扮戲團—客家女聲」巡迴演出。

哪裡都有客家人。我看到的所有東西都跟客家有關，因為有這麼多的元素，我就想把它們寫下來。對我來說，客家元素像是一種媒介，讓我把想寫的東西寫下來。

我到屏東拍紀錄片時，看到屏東人用糖醃漬艾草，苦味就會變得甜了，之後再做成豬籠粄、艾粄。所以我把它寫下來，用各種聲音、甜與苦兩種味覺寫〈甜艾仔〉，描述阿婆面對阿太離世，那生與死之間的歷程。我第一篇寫的〈半

作家張簡敏希作品〈半夜粥〉。（照片來源／《客家文化季刊》第53期第32頁）

夜粥〉，是我第一次用客家元素來寫的，「半夜粥」是大湖才有的料理，是用豬肉、雞高湯、五種乾貨、雞肉煮的。以前的人拜完天公之後，因為山上很冷，經濟能力不好，就把祭祀完的食材煮成粥，大家一起分享。我寫出來之後，很多人說這不是客家的東西，因為其他庄頭沒有，只有我的庄頭有。其實一庄一俗，我後來才發現客家的東西很多元，但大家對客家的認識就停留在花布、紙傘。另一篇我寫過的〈隔著邦加海峽彼端〉，邦加海峽就是印尼的海峽。緣起是我有一個朋友，她是印尼華僑，21歲，從來不覺得自己是客家或印尼人，可能我對客家的愛打動了她，她就協助我去訪問她的奶奶、姨婆等。這個故事主角的雛形是她的漢文老師，化身為露西雅，是加里曼丹的客家人，寫的是發生排華事件前的種種事情。我那位朋友的媽媽不講客語，也不覺得自己是客家人，於是我知道，文化流失的事情不只有在臺灣才發生的。

朱宥勳：題材拉到跨國也是很有趣的，有些人會用口號說：「越本土越國際。」但這究竟怎麼解釋呢？張簡敏希的小說和遭遇告訴我們，族群不是沿著邊界走，世界很多地方都是有客家存在的，因為如此，反而很容易去跨境、國際化。最後一位是陳凱琳小姐，她用本土語言出版很多作品，先來聊聊客家元素的影響。

「你的口音有客家腔，但講的怎麼是閩南語？」

陳凱琳：一開始進行客家書寫時是很意外的，我以前很愛寫網路小說，一心想成為有名的網路小說家。三、四年前開始，起心動念想把阿嬤的東西寫下來，因為記憶是倏忽即逝的。我阿嬤很喜歡講故事，這些故事匯聚了很多民間故事或街頭巷尾的傳聞。我寫下後拿去投稿後生文學獎，很幸運地得了獎項。雖然我生在客家村，但隔壁村落是臺南移民過來的閩南族群，所以兩村在語言的使用上是非常模糊的。我

聽客語沒問題，但跟他們溝通時，會很主動地轉成閩南語，以前都以為兩種語言是一樣的東西。直到我搬到內埔住了兩、三年，那裡的人很直覺用客語對話，我用閩南語問他菜怎麼賣，菜販一臉疑惑，後來他直接用華語跟我溝通。他說：「你的口音有客家腔，但講的怎麼是閩南語？」我才知道原來兩種語言是不同的。

陳凱琳

作家。屏東人，成長於客庄新埤，現居於大武山腳下的潮州。曾獲文化部青年創作獎勵、國家文化藝術基金會創作補助、吳濁流文藝獎、後生文學獎、教育部閩客語文學獎等，入選屏東縣作家作品集。著有《藍色海岸線》、《曙光——來自極東秘境的手札》、《藍之夢》。

我可能無法用客語寫整篇小說，但客語對話的部分我可以寫進去，有些對罵的語言，看來粗俗，但在小說中造成一種呼喊的效果。得獎之後，後生文學獎替我找了一個校正老師，幫我校正一些客語的轉折音，對我在客語書寫中幫助很大。我一定要把我使用的客語找回來，雖然無法通篇寫，但對話可以盡力，這些讓我緊緊抓住我跟客家還有生活環境的關係。我想可能有一天可以用客語寫一篇完整的小說，閩南跟客家的界線可能會越來越模糊，但我覺得在書寫上可以逐漸地去完整。

朱宥勳：林海音也是閩客混血，有次幫忙照顧鍾鐵英，帶她去市場買菜，菜販看到她們，他問林海音這是新請的幫傭嗎？林海音用閩南語跟菜販說完，轉過來卻用客語跟鍾鐵英說：「他問你是我的親戚嗎？」鍾鐵英知道林海音在給她找臺階下，但在語言的轉換上，就順利轉過去了。鍾肇政辦了《文友通訊》，他問大家覺得作品中要

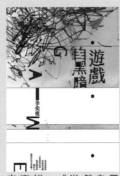

李奕樵，《遊戲自黑暗》，2017 年，臺北：寶瓶文化。（照片提供／文訊文藝資料中心）

顏訥，《幽魂訥訥》，2017 年，新北：印刻。（照片提供／文訊文藝資料中心）

陳凱琳，《藍色海岸線》，2022 年，屏東：屏東縣政府。

不要加入方言？所有人都說先不要，每個人都很怕，擔心語言不同無法互相溝通，受眾族群也會受到影響。接下來也想請大家談談對語言的看法。

不停翻轉的複合性語言

李奕樵：我沒有在使用客語創作，主因是受眾不一定有相等的語言知識。其次，一般來說，在華語文學獎中，完整使用方言的作品要獲獎有點困難。文字作為生產和儲存的管道，成本是最低的，要透過書寫讓客家有一席之地，就會有點難達成。臺灣有個在國外獲獎的婚紗攝影師，他在攝影頻道中偶爾帶點綜藝感，其中一個成員被指定要全程用客語來對模特兒下指令，但模特兒聽不懂。看起來很滑稽，以這個例子而言，我們可以使用複合性手段來達成保存語言的目的，但要完全押注在小說上來作為完成的手段，是不必的。

顏訥：剛剛的討論回應了今天沙龍的題目，也就是當代客家書寫「邊界」的問題，不同寫作者的創作實踐，讓客家寫作像是邊界的打破到再確認的過程，參詳沙龍就是這樣的型態。對我自己來說，我的阿太外婆受日本教育，語言體系確實也反映客家人的重層文化狀態，日常生活是混用日語加客語，這樣的語言環境讓我的思考或認識世界、表達的形式也常常處於混語狀態。在我遲到的客家性中，雖然書寫是遲到的，但客家生活感卻是原生的，我搬到臺北期間，也不斷在與他者確認什麼是客家。因此，我自己的策略是試著在寫作中實驗用客家用語打破我受中文系訓練出來的慣常結構語序的方式，增加語言彈性的辦法，有時候也是為了寫客家人說話，在對白中使用客家語。

這其實也貼近我自己平常使用客家語的狀態。當客語作為一種媒介進入書寫中，我

也要考慮寫作者語言使用狀況與能力的問題。今天大家在聊不同地區、腔調、世界各地的客家文化時，表現出客家的異質性，在書寫中後設地去建構「客家」時，或許是我們這代的書寫者可以去想的：「還有什麼是客家？」比如客家女性在不同地區、不同家族也有不同處境，常聽客家女性朋友說長輩會說沒有出嫁會變野鬼，沒人祭祀，但我們家沒有這樣的觀念。

廖育辰：我最早從國中開始寫詩，都是寫華語。寫著寫著，高一就開始投新北文學獎，得獎很開心沒錯，但是看到後面的評選會議紀錄我卻笑不出來。評審寫道：「你寫的華語詩意境不錯，但是語言平鋪直敘非常單調。」我想到我的華語是看卡通學的，才發現華語並不是我經常使用的語言。我就想，那我來寫河洛話，但寫了一篇後，發現河洛跟客家的用詞有很多出入，我才發現我把自己的詔安客家話視為一種理所當然的存在，不會意識到要把它的價值、特殊性保存下來。後來發現詔安客家才是我的根本，它一直在消失；換一個角度講，詔安客家話還能夠往前到哪裡去？還能夠做什麼？現在我的創作狀態是，一首詩要寫四次，一次是詔安客語字，一次是羅馬拼音，一次是河洛話，一次是全華語。我不想讓詔安客家話變成西夏文，到最後沒人看懂，適時地要用複合性語言讓大家去理解。

朱宥勳：這個不斷翻譯的過程，真的是20世紀臺灣文學的主題，臺灣文學長久以來，要不斷與其他語言交流，這個經驗是很有趣的。想問問張簡敏希，在你工作上或寫作經驗上，會不會有大量語言交雜的狀態？

張簡敏希：我看楊双子的作品或陳柔縉《大港的女兒》這樣的書，用很多河洛話，但我的腦中可以把它們翻譯成客家話，我無法唸出河洛語，怎麼看都是客語。我想分享一件我自己知道很矛盾的事情，我寫作大部分還是用華語，就算我在客家庄長

大，但我的客語僅限於與家人的日常對話，不是文學性的。所以我不會寫得很難很複雜，就讓我阿婆看得懂就好。不過我知道客家文字有很美的地方，比如米莎〈落地歌〉的歌詞：「燒暖蔭心田。」是一種給土地生命的感覺，這是用其他語言很難去詮釋的東西。我是一個很素的素人，我寫客家大部分是為了族群的保存，我不寫客家，可能就會消失。我的時代要認識新的東西很簡單，寫客家這件事讓我找到一條新的路，我希望拉攏大家可以跟我並行。

朱宥勳：前面兩位有些單篇作品涉及到客家元素，但一整本書的語言強度、密度是很不一樣的，請凱琳來分享。

陳凱琳：我用客家書寫的成熟度不算高，我還會去問村裡的人這怎麼說。我們可以用閩南語跟客語書寫的場所並不多，比如文學獎，評審閱讀習慣就不同。後來我強迫自己用閩南語去寫，寫作跟平日的對話是不同的，我也看了八點檔，先讓自己沉浸在那個語言的狀態裡面。我上個月出了一本《曙光》，使用許多東北角村民的語言，我試著用他們的語言來寫。比如他們說「整船仔」，我覺得這是其他地方聽不見的，所以我有使命一定要把它寫下來。我寫客家小說也用類似的方法，打開客家電視，有些節目是很生活化的，那種語感是沉浸式，這是我把語音跟語言放進寫作的方式。

朱宥勳：線上有人提問：書寫中的客語或閩南語，究竟是以語言精確到位重要，還是投注的情感或生活性重要？

參詳會後合照，左起：廖育辰、張簡敏希、朱宥勳、顏訥、陳凱琳。

參詳沙龍討論現場。

既然拿起這個語言，就要保存它當下存活的狀態

顏訥：我外婆那一代使用的語言也是混語狀態，就我自己而言，書寫者要找到能貼近腦中聲音的語言去說話，才能比較接近自己要表達的情感與生活性。我現在在學粵語，發現自己想講粵語卻跑出客家，和外婆說客家話，腦中卻跑出閩南語。所以寫作時，會想使用腦中混亂的翻譯系統中跑出的語言犄角，主要原因也就是我想寫的主題正是城市中的畸零空間、我們這代人卡在中間的尷尬存在感。本來這樣的主題就可以用混亂的語言狀態去寫，形式與內容是貼合的，我才使用這樣的書寫策略。

另外，我學客語的歷程中沒有客語字的參與，我現在想寫客語就會有音無字，寫的時候還是要先查字典。所以在語序、音、義、字之間翻譯的落差，反而是我想在寫作中形成的效果，透過字典查到對的字後，再故意用錯的字補上去，產生滑稽的荒謬性，就像看到「參詳」兩個字首先想到的反而是華語的語意，因此腦中就會有許多人的身體正在現場參與，很詳細的討論的畫面感，與用客家話去想這個詞有不一樣的感受。所以我自己的寫作就比較不是往精準性走。

廖育辰：我是用全臺灣詔安客家話寫，在寫的時候會盡量保持最原汁原味的講法。我回家聽到家人講特殊的用法，就會記下來，因為現在不寫，就會消失。嘗試著把精煉出來的詔安文字，拿來表達生活的情感經驗，這是能在語言、生活、情感之上，最後折衷的方式，但終究的目的仍是文學藝術化。

張簡敏希：有很多不同的方式去詮釋，我的方式比較像是杜潘芳格老師說的「我手寫我口」。字典上有標準答案，但我知道有些東西，可能無法很精準地表示。

陳凱琳：精準到位是什麼？是標準答案的精準，還是寫作者聆聽到位的精準？一個東西會有很多不一樣的用詞，我認為當下聽到，就要去把它記錄下來，你既然拿起這個語言就要保存它當下存活的狀態。

朱宥勳：我不是客家人，也不會用客語寫作，但我研究過一些客家作家，從日治、戒嚴、解嚴到現代，我們在「參詳」中按著文學史脈絡討論。不同的語言有不同的跡象發生，今年賴香吟的作品《白色畫像》，只要是閩南語對白，都是閩南語漢字，沒有人會說：「我不會唸所以我看不懂。」因為其實都看得懂其中的意思，這跟客語的狀態很像。我一直很希望臺灣能創造一個多語的環境，各位正當創作盛年，未來多語環境的塑造，也許就掌握在各位創作者與讀者的身上。

 延伸閱讀

詔安腔

或稱漳州客家語、閩南客家語，源自分布福建漳州詔安縣境內的客家居民。臺灣詔安客家人主要分布於雲林崙背、二崙、西螺一帶，其次是桃園八德、大溪、龍潭等。詔安客家人由於在原鄉就和福佬人比鄰或混居，許多人雙語並行，客語辭彙也受影響，比如「勞力」（謝謝），加上臺灣詔安客家人居住地區多被福佬人包圍，客語流失嚴重，許多人融入成為福佬客，已不會說詔安客家話，或是在家說客語，在外說福佬話。（照片提供／客家委員會）

‖ 思辯場 ‖

以文學之名，
凝視 Hakka 的時代新聲音

時　　間：2022 年 3 月 19 日（六）18:00 至 20:00
地　　點：左轉有書（臺北市中正區鎮江街 3-1 號）
召 集 人：
　　　　　高 翊 峰／小說家
與 談 人：
　　　　　王 聰 威／《聯合文學》雜誌總編輯
　　　　　甘 耀 明／小說家
　　　　　朱 和 之／作家
　　　　　吳 懷 晨／詩人、國立臺北藝術大學教授
　　　　　謝 旺 霖／作家
記錄整理：江 怡 瑄
攝　　影：鄧 婷 文

城市「都客」的魔幻現場

「在城市的客家人，沒辦法用他小時候記憶的語言在城市中表達，這些客家記憶在他體內正慢慢消失。」召集人高翊峰形容，在臺北的大學教室中，客家學院的教授們全程用客語授課，這是一種有點「魔幻」的時刻。來到城市的客家後生成為了「都客」，小時在客家庄的記憶漸漸模糊，那些片段式的印象不足以支撐自己對客家族群的認同感，因此關於客家的一切像沙漏，一點一滴流失。

寫過《殺鬼》、《邦查女孩》等成名作的小說家甘耀明，是道地苗栗人，他說自己一半的客家血統來自母親。對幼年的他來說，當時並沒有明確的客家意識，比如眾所周知的客家小炒，在他的記憶中叫作「炒肉」，油桐籽可以搾油販賣，攪香茅油則是家常便飯。

談到寫作中的客家意識如何形成？甘耀明說，自己長大後，客家論述慢慢形成，當他回望童年，才發現過去建構起來的印象都是珍貴的文化資產，〈伯公討妾〉、〈聖旨嘴〉即是在具備「客家意識」後的創作。回憶起第一次參加聯合文學小說新人獎，〈聖旨嘴〉被小說家李昂評價：「這個人河洛話寫得真好。」甘耀明哭笑不得：「但我寫的是客語啊！」大概評審組成多為河洛母語者，因此對客語相對陌生。

「在臺北，誰還講客家話？對我來說，這是表達我的客家身分的一種方法。」回應高翊峰提出的都客問題，甘耀明如此說。對一個小說家而言，客家文化的表達不一定要用「顯學」的方式呈現，可以是一種隱微的、細密的手法寫作，藉以勾起所謂的客家意識。

高翊峰

小說家。曾任電視電影編劇、生活時尚雜誌總編輯、電視節目主持人、廣播電臺主持人。著有小說《幻艙》、《泡沫戰爭》、《2069》、《肉身蛾》、《烏鴉燒》等。原著劇本曾獲紐約國際電視電影節劇情片金獎、臺灣電視金鐘獎等。小說已翻譯法文、英文出版。

我是那一半的一半

從小在南投山林成長,現職國立臺北藝術大學教授的吳懷晨也有客家血統,不過卻鮮少談及自己的客家身分。笑說甘耀明談及的那些,就像是要來召喚他血液中的客家意識。吳懷晨形容自己是在城市與庄頭跳躍的「混血兒」,外婆是平埔族,外祖是閩南人,小時在客家話、散村、屯墾、移民的集體記憶下長大,很純樸、自然。這是一種內化的經驗,並沒有特別覺得自己是客家族群。後來在東海岸寄居,大多說自己是臺東人,南投的地方感就變得薄弱了。

高翊峰接著追問:「那些自然生成的環境、食物、語言正在消失,你在城市中,有沒有想過為什麼那些聲音不見了?」吳懷晨答道,自己的生長環境是好幾種語言交雜的,用臺語仍能和家人溝通,所以不會有這種消逝感。後來理解到自己血緣中的獨特性,但和客語依然無緣,用英語講述可能更流利些,也因此笑稱:「我是一半的那另一半。」客家意識在他的認知中並不深刻,只把自己放置為一部分的臺灣人。

朱和之並非客家身分,但在近期出版了客籍攝

影師鄧南光歷史小說《南光》，同時回應吳懷晨有客家血緣卻無客家意識，一位非客籍作家，要如何產生客家意識？朱和之首先想起一件趣事，有次和高翊峰去熱炒店，好奇點了一盤「客家小炒」，沒想到送上來的東西卻濕濡軟爛，甚至加了洋蔥。他開玩笑說客家人應該為此感到憤怒，但也由此看出臺灣社會多重文化間彼此吸納又隨意變造的現象。

朱和之強調：「我在寫鄧南光時會思考，以他長期在外受教育後歸返的眼光，看到的客家文化會是什麼樣子？」鄧南光是新竹北埔姜氏家族的後代，拿著一台德國萊卡相機，在躲避空襲時準備為一位老人拍照。當時那位老者拒絕，他說相機會攝人靈魂，鄧南光向他強調這是德國的相機而非日製的便宜貨，不會取人靈魂，老人才讓他拍攝。這則軼事顯示當時臺灣社會處在現代性與前現代犬牙交錯的狀態，鄧南光帶著世界最新潮的觀念凝視前現代故鄉，那種碰撞令人好奇且著迷，而他拍攝的照片同時留下了時代面貌，以及當時的觀看方式。

高翊峰認為，攝影鏡頭語言的思考模式，是一個反向的叩問，鄧南光用新工具去看世界，是

甘耀明

小說家。國立東華大學創作與英語文學研究所藝術碩士。著有《成為真正的人》、《神秘列車》、《水鬼學校和失去媽媽的水獺》、《殺鬼》、《喪禮上的故事》、《邦查女孩》、《冬將軍來的夏天》等書。曾獲臺北國際書展大獎、開卷年度十大好書獎、臺灣文學獎長篇小說金典獎、金鼎獎、香港紅樓夢獎決審團獎、金石堂十大影響力好書獎等。

吳懷晨

詩人，任教於國立臺北藝術大學人文學院。著有詩集《渴飲光流》、《浪人吟》，散文《浪人之歌》等。另有學術論述四種，譯作多種。曾獲金鼎獎優良文學出版品、吳濁流文學獎、開卷年度好書獎等。

否要也是對自己的客家血緣提出思考？其實無論是正向或反向，客家意識並不是屬人或屬地，而是個體在觀看客家族群時的思維模式。誠如吳懷晨所說，不論客家與否，當你開始探勘民族性，或許我們就已經是「一半的那另一半」。

客與非客，移動與隱藏

「客家這個詞在我的生命歷程不太存在，只存在一些刻板印象。」現任《聯合文學》總編輯王聰威說。回顧自己的成長歷程，自己沒有什麼客家意識，也不太清楚自己的血緣、族群身分。爸爸是公務員，小時候全家住在國民政府蓋給公教人員的公寓，裡頭的住客大多是外省人，也有原住民、客家人。「對非臺人的人給他們老芋仔、外省仔、番仔、客婆等等這些稱謂，對年少的我來說，就是純粹因循長輩的叫法。」從那時起，在語言上就產生一種他們是外來的、少數的人。

王聰威與甘耀明、高翊峰是多年好友，即使知道高、甘的小說寫的是客家經驗，三人相處時也不會特別提到對方的客家或閩南身分。王聰

威說自己從沒有一刻覺得他們是客家人，只有在吃薑絲炒大腸、客家小炒的時候，兩人會表態自家的才是客家正宗，這是不是就是一種客家意識的展現？王聰威接著說，近年接下政府標案，舉凡談及客家，討論都不會強調「都客」，而是回到原鄉、村落的風土議題。這是一個有趣的拉扯，當客家人在都市成長，文化面向還是會傾向強調原生聚落，從王聰威的非客身分來看，就是一個特別的區塊。

說到刻板印象，高翊峰則回憶自己也覺得原住民一定很會爬山，不過每個族群被框定的文化在不斷地移動中，那些被制約的既定印象卻慢慢不見了。實際上這就是客家目前正在面臨的問題，銜接著城鄉移動，當他們客座他鄉，客家身分也被隱藏了起來。甚至小時候被母親告誡：「你到臺北讀書，不要亂講話，也不要說你是客家人。」客語、客家逐漸在都市中成為一種符號，標記血緣，不表明此身。

同樣移動、走遍世界，出版《轉山》、《走河》的謝旺霖出生在中壢，雖然是個河洛小子，但街坊鄰居多為客家人，從小除了語言之外並沒有感到和客家有什麼殊異。提到客家意識，他

朱和之

作家。著有長篇歷史小說《南光》、《風神的玩笑》、《樂土》、《逐鹿之海──一六六一臺灣之戰》、《鄭森》等。曾獲羅曼・羅蘭百萬小說賞、全球華文文學星雲獎歷史小說首獎。

王聰威

現任聯經出版創意總監暨《聯合文學》雜誌總編輯、《鹽分地帶文學》總編輯。著有《生之靜物》、《師身》、《戀人曾經飛過》、《濱線女兒——哈瑪星思戀起》、《複島》、《稍縱即逝的印象》、《編輯樣》、《微小記號》、《編輯樣II》等。

說直到大學時，參與國立臺灣大學國家發展研究所「民主化政治研究」田調工作，到了客家庄著稱的楊梅面訪當地抽樣的居民，拒訪情況竟比其他地方高出許多，有的甚至直接驅趕他這外來客，那時才感到，似乎有一種隱隱然的範圍和界線的存在。

謝旺霖另舉了在海外行旅的例子：一次橫越泰北高原，黑夜裡機車騎到快沒油，所幸碰上一個小山村，受到幾戶居民的援助和收留，原來那是一群泰緬孤軍的客家後代，由於落地生根已久，他們早就忘卻父輩的語言了；另一次在奧地利的山城，發現一間中餐館，口味意外道地，因此整週裡每天去吃。店主一家知道自己是客家人，不過他們是從印度加爾各答出生，後來才移民過去的。女當家能說六種語言，可就不懂普通話和客家話，她一度甚至熱情地想把女兒介紹給他。這些相遇的提示，謝旺霖認為，儘管不會客語，但他們確實展現著某些熟悉的文化的特性，藉此，我們對於「客家的想像」是不是應可以更加擴大？

關於客語文學，謝旺霖談到這兩年在國藝會當文學評審，觀察每年平均兩百多件創作計畫

中，大概有個位數特意經營「客家特色」的書寫。大多是年輕作家或寫手，他們顯現出來的客語、客家性，多半仍停在名詞轉譯，或某些傳統的說明及解釋，因而產生了一個疑問：這些題材大多與祖父母、父母相關或聽來的傳統經驗。但時代畢竟不斷遞變，因此我們必須思考，之後的客家文學該何去何從？如何在客家文學裡，注入更多文學性、藝術性，探尋與當代持續對話的可能？

凝視與被凝視：客家文學的未來

被問到「用客語思維寫小說，和用華語寫客家文化有何不同？」甘耀明認為，如果要在作品中寫入客語，就應該用教育部公定的標準字來陳述。高翊峰則回答：「用諧音去寫，也是一個客家創作的過程。」標準字寫作是慢慢誕生的，對現在的年輕人來說比較難，人們對客家的想像是用聲音來辨識的，客家的聲音、語言是為了傳遞一種文化、食物、發展的基礎。比如蝙蝠的客語是牠們拍翅的聲音，老鷹則是取音於牠的叫聲。

吳懷晨進一步以王禎和《玫瑰玫瑰我愛你》中

謝旺霖

作家，目前專事寫作。著有《轉山》、《走河》。因為流浪，開啟文字創作的生涯。曾獲雲門舞集「流浪者計畫」贊助，誠品年度華文創作排行榜第二名，金石堂年度十大最具影響力書籍，臺北國際書展大獎「非小說類」入圍，臺灣文學獎圖書類散文金典獎。

高翊峰，《2069》，2019
年，臺北：新經典文
化。（照片提供／文訊文
藝資料中心）

甘耀明，《邦查女孩》，
2015年，臺北：寶瓶文
化。（照片提供／文訊文
藝資料中心）

王聰威，《微小記號》，
2019年，臺北：木馬文
化。（照片提供／文訊文
藝資料中心）

吳懷晨，《渴飲光流》，
2020年，臺北：麥田。
（照片提供／文訊文藝資
料中心）

謝旺霖，《轉山》，2021
年，臺北：時報。（照片
提供／文訊文藝資料中
心）

謝旺霖，《走河》，2018
年，臺北：時報。（照片
提供／文訊文藝資料中
心）

朱和之，《南光》，2021
年，新北：印刻。（照片
提供／文訊文藝資料中
心）

「內心對內心，屁股對屁股」（Nation to nation／People to people）的諧音例子，王禎和的說唱逗笑是一種高級喜劇，那些酒吧女在談論英文時，都是用一種開玩笑的語氣。但意外地在兩種語言間，產生了一個有趣的文學空間。王禎和顛覆了華語的視角，成為一種饒富趣味性的寫作策略，將這樣的技術用到客語書寫，會不會是另一個更好的境界開創？謝旺霖附和：王禎和混語式的書寫，既諧音也在創意，造成文字語言多重的想像與多義，確實能鬆動、挑戰漢語長久來的霸權。而原住民文學中，夏曼‧藍波安採取族語邏輯介入漢語的混寫，也是很好的典範。之後的客家文學，有沒有辦法站在這些前人肩膀上繼續拓展、突破？

王聰威則認為，客語寫作的題材開闊都不是問題，只是缺少了更多人的參與。語言部分，朱和之說自己寫作《南光》時，會去挑選客語跟華語共同有的詞，讓華語讀者也能產生共感，同時可以拓展華語書寫的邊界。最後，高翊峰回到「都客」議題，都市化之後，新的村落是林立的高樓大廈、社區，未來在城市中，都客的誕生就是一個混血的過程，非血緣，而是語言。然而客家意識的形成，其實是一個凝視與被凝視的過程，當族群意識到被凝視，會改變自己的外貌，如同客家的移動到隱形。

「Hakka」是拼音，也代表一種新的聲音，適合給年輕的都客表示自我。不限於客家，更實用於現代的「臺灣意識」。

‖ 思辯場 ‖

文學獎的文學現象學

時　　間：2022 年 7 月 10 日（日）14:00 至 16:00
地　　點：左轉有書（臺北市中正區鎮江街 3-1 號）
召 集 人：
　　　　　張　芳　慈／詩人
與 談 人：
　　　　　瓦歷斯・諾幹／作家
　　　　　向　　　陽／國立臺北教育大學名譽教授
　　　　　洪　淑　苓／國立臺灣大學中國文學系教授
　　　　　楊　佳　嫻／詩人、學者
　　　　　顏　艾　琳／詩人
記錄整理：江　怡　瑄
攝　　影：汪　正　翔

暗夜微火，臺灣文學的重要推手

臺灣一年有上百個大大小小的文學獎，總獎金累計高達 4、5,000 萬，資深詩人向陽提到文學獎對青年創作者的重要性：「年輕人有自媒體，但沒有影響力，透過參與文學獎自我成長，這裡就是他的競技場。」召集人張芳慈介紹向陽，笑稱他是「臺灣文學的活字典」，不需要看稿就能講出整個臺灣文學與文學獎有如長河一般的歷史。

談及臺灣文學獎尚未盛行的年代，向陽說，文學獎在前輩作家成長的年代很缺乏：「1950 至 60 年代，臺灣文學還在泥地上攀爬的階段，要拿到國家級獎項比較難。1977 年鄉土文學論戰前，臺灣文學幾乎沒有任何力量。」文學獎還在掙扎出土的階段，鍾肇政推動《文友通訊》，聚合鍾理和、陳火泉等人，形成一個作家群體。同儕互相鼓勵之下，維繫那些在語言、文學、美學上不受主流文壇重視的創作。

「回想起十幾歲的時候，那些是斑斕的記憶，我們確實是透過文學獎去認識這些人。」詩人教授楊佳嫻回憶起當年參加文學獎的時光，文藝青年們大多藉由頒獎典禮來熟悉新世代的創作者。臺灣以單篇文學獎作品為主流，茫茫稿海中，作者們都在努力，讓人第一眼就能注意到自己的作品。長年從事女性詩人研究，也擔任各大文學獎評審，洪淑苓認為「葉紅女性詩人獎」、「陳秀喜詩歌獎」具有整體的女性情感精神，同時也是紀念女詩人的特殊獎項：「看起來市場不大、讀者不多，但一定要維持詩歌的精神，以作家為名的文學獎是特殊的，要延續文學這股反思的動力。」同為詩人的顏艾琳附議：「在詩歌交流中，諾貝爾文學 時有詩人得獎，詩的傳播度是比小說快的。」無論哪種文類，文學獎都是一個重要的推手，為臺灣文學點起一盞暗夜微火。

張芳慈

國立新竹教育大學（現為國立清華大學南
大校區）國民教育研究所碩士，曾任國小
教師。1986年加入笠詩社，1998年與多位
國內女性詩人合創「女鯨詩社」。著有《越
軌》、《紅色漩渦》、《天光日》、《留聲》、
《那界》、《在妳青春該時節》、詩與樂專輯
《望天公》，編選客語詩集《落泥》。曾獲客
家貢獻獎、吳濁流文學獎新詩獎、陳秀喜詩
獎。多首創作客語詩曾由劇團、舞集演出。
曾主持《客家細妹寫歷史》、《客家音樂大
家共下大聲唱》計畫；作品編入《國民文學
選》；曾任臺北詩歌節焦點詩人。

來自山或是海的文學語言

「原住民文學看似得獎很多，但以比例來說還
是很少的。」從事教職與創作，瓦歷斯・諾幹
寫過眾多文類，也得獎無數。談到原住民文學
獎，提出關於語言、文學類型、獎項等等議
題，仍然在強勢的漢人文化間夾縫求生。以作
家為名的文學獎不下其數，吳濁流文學獎、吳
三連文學獎都是歷史悠久的文學大獎。田雅各
的布農族名為拓拔斯・塔瑪匹瑪，於1986年獲
得吳濁流文學獎，是首位獲得該獎的原住民。
巴代、夏曼・藍波安則先後在2013年、2017年
獲得吳三連文學獎，「時間過去20幾年，原住
民零星獲獎，但並沒有真正受到重視。」瓦歷
斯・諾幹感嘆，時光芒苒，臺灣對原住民文學
的認識還是很有限。

以原住民創作為主，瓦歷斯・諾幹談到典型的
獎項如「山海文學獎」：「年輕人開始從中建立
自己對文學、美學的形塑過程。原住民在十幾
年裡頭，透過文學獎肯定，有更大的動力完成
一本書。在幾次參賽的經驗中，確認主題與努
力的方向，這是有其必要的。」瓦歷斯・諾幹
認為，專屬於原住民的文學獎不多，但卻對年

張芳慈，《那界——張芳慈詩集（中英對照）》，2018年，新北：小雅文創。（照片提供／文訊文藝資料中心）

向陽，《四季》，2017年，臺北：有鹿文化。（照片提供／文訊文藝資料中心）

瓦歷斯・諾幹，《戰爭殘酷》，2014年，新北：印刻。（照片提供／文訊文藝資料中心）

洪淑苓，《思想的裙角：臺灣現代女詩人的自我銘刻與時空書寫》，2014年，臺北：國立臺灣大學出版中心。（照片提供／文訊文藝資料中心）

楊佳嫻，《刺與浪：跨世代台灣同志散文讀本》，2022年，臺北：麥田。（照片提供／文訊文藝資料中心）

顏艾琳，《喂》，2022年，新北：島座放送。（照片提供／文訊文藝資料中心）

向陽

國立政治大學新聞博士。曾任臺灣文學學會理事長,現為國立臺北教育大學名譽教授、吳三連獎基金會秘書長。著有詩集《十行集》、《四季》、《亂》、《向陽詩選》、《向陽臺語詩選》及學術論著等五十餘種。

輕的創作者起了很大的鼓舞作用。在場作家紛紛響應原民文學獎議題,楊佳嫻談到她曾主持排灣族作家利格拉樂・阿𡠄(排灣語:Liglav A-wu)的座談會,一位年輕朋友提問:「山海文學獎為何要限制是原住民身分才能參加?」阿𡠄回答:「你關心原住民很好啊!但你可以參加上百個文學獎,這個獎是為了鼓勵原住民寫作而設置的。」楊佳嫻立刻感受到:「當代文學獎不平等的狀態就顯現出來了。」並且認為,不只要有鼓勵創作的獎項,評審陣容也要多元化。臺灣文學是多元文化的存在,全國性文學獎的評審成員,能夠回應多元文化的現實,族裔多樣、文化多樣,讓更多的可能性得以被看到。

「越是邊陲,需要更多更大的獎項。原民會應該擴大舉辦原民文學獎,客語部分也應該分出不同腔調,鼓勵少數語言有更多的創作題材,臺語亦然。」對於少數文學的省思,向陽希望透過文學獎的提名,把多元的語言、內容介紹給大眾。洪淑苓接續向陽的語言議題,提及小時候讀向陽詩作的經驗:「我們從小讀〈阿爹的飯包〉、〈搬布袋戲的姊夫〉,我就在想我有沒有可能用自己的母語來書寫?聽和講都會退化,

參詳會後合照，左起：顏艾琳、向陽、楊佳嫻、洪淑苓、
瓦歷斯・諾幹、張芳慈。

楊佳嫻

國立臺灣大學中國文學研究所博士，現任國
立清華大學中國文學系副教授、臺北詩歌節
策展人、性別運動組織「伴侶盟」常務理
事。著有詩集《少女維特》、《金烏》等五
冊，散文集《小火山群》、《貓修羅》等五
冊，編有《九歌105年散文選》、《刺與浪：
跨世代臺灣同志散文讀本》等四種。

何況是寫？用母語或另一個語言來寫作，整個
感官思路都不同，是很特殊的體驗。」洪淑苓
曾於2019年試作〈二月的東勢是粉紅色的〉，
加入客家元素、語言，從另一個角度品味文化
之美，並藉以喚起讀者的共感，重新學習扎根
在心底的那個語言。

同為詩人的張芳慈則向洪淑苓喊話：「〈二月的
東勢是粉紅色的〉要授權給我們，一起來推廣
多語的文學環境。」渴望與臺灣的多元文化現
象並行，創造一個複數語言的文學語境。

瓦歷斯 · 諾幹

泰雅族作家。省立臺中師範專科學校（今國立臺中教育大學）畢業，曾任國小教師。創辦原住民文化刊物《獵人文化》。曾獲時報文學獎新詩類評審獎、聯合報文學獎、聯合文學小說新人獎、臺北文學獎散文首獎等。出版詩集《泰雅孩子 · 臺灣心》、《伊能再踏查》、《當世界留下二行詩》等，散文集《戴墨鏡的飛鼠》、《番人之眼》，以及小說集《戰爭殘酷》等。

評審是良心事業，出書則是美好的儀式

「我個人作為評審，認為評審應該要有自覺，不能有太多私心，也不要在評審過程中讓『自我』介入太多。」向陽說，評審過程是天人交戰，喜歡的、不喜歡的風格都要多看、多比較，甚至這樣的歷程有助於自我的內在調節，「評審是良心事業，難免會有偏見，但也是一種自我要求」。楊佳嫻也具備豐富的評審經驗，表示自己在評審過程中若是遇到傑出的作品，「那種驚喜感是非常強烈的」。

詩作頗豐的顏艾琳，談到文學獎與評審作業，以她曾參與規劃的臺南文學獎為例，說明文本跨界的重要性：「之前文學獎還不是一年一標的標案，我們設計把母語文學的元素放進去，甚至安排文本跨界，讓文學作品有機會展演。在BOT之後很可惜，這些好的立意都消失了，臺灣的環境應該是混語的。」民間的力量不容小覷，一個好的文學獎是憑藉著許多人的支持，才擁有一定的公信力。顏艾琳呼籲政府重視得獎作品的再現，而非曇花一現，不要讓語言推廣、文本再創作的機會成為燃不起火花的星火。洪淑苓接續著顏艾琳文本跨界的主題延伸：「關

於跨界結合，我看了鍾肇政先生的作品〈中元的構圖〉舞臺劇改編，他的內在思維跟客家文化有很深的連結，用戲劇把它表演出來是很動人的。」臺灣文學豐富瑰麗，許多影視、舞臺作品大多出自文本改編，跨文本的展示有其必要。回到文學獎本身，洪淑苓對文學獎懷抱深沉的情感：「無論幾歲，文學人都有一生要參加一次文學獎的夢想。」在她眼中，文學獎擁有令人崇敬的高度，因此必須用自己最真誠的作品參加，才對得起對文學的堅持與熱愛。

楊佳嫻、鯨向海等人從網路崛起，但也不乏文學獎的參賽經驗。原以為以網路為主的文學展演會繼續下去，文學獎或詩社變得不再重要，後來卻發現了「回春」現象，整體的文學獎項增加更多、結社則成為文青們聚集的方式。「對於寫作者來說，書被印出來還是有種『儀式感』。書稿給出版社時，面對新人出書，也多半會從文學獎得獎的狀況來判斷出版與否。」出版業或許難以回到當年的盛景，卻如同楊佳嫻所云，「出書」成了新生代作者的「儀式性」行為。文學獎則是幕後推手，將創作者推到舞臺前，在新舊文學生態中發光發熱。

洪淑苓

國立臺灣大學中國文學研究所博士，現任國立臺灣大學中文系教授。曾任國立臺灣大學藝文中心創制主任、臺灣文學研究所所長。曾獲教育部文藝創作獎、詩歌藝術創作獎、臺北文學獎等。曾主辦臺大文學獎、臺大杜鵑花詩歌節。著有現代詩集與散文集，以及學術專書《思想的裙角——臺灣現代女詩人的自我銘刻與時空書寫》等，對女性詩學及客家女詩人杜潘芳格尤有深入研究。

顏艾琳

輔仁大學歷史系畢業，詩人。著有《骨皮肉》、《她方》、《微美》、《A贏的地味》、《吃時間》、《餵》二十本書；詩作已譯成英、法、韓、日、西、葡文等，被選入臺、港等地各種華文教材，並被改編為流行歌、民謠、微電影、廣告、舞臺劇、現代舞、小劇場等。

文學作為軟實力，且永遠莫忘初心

在場作家們被問到：臺灣出版環境有沒有可能重現當年五家經典文學出版社「五小」的榮景？召集人張芳慈讚賞當年五小的眼光：「五小很有遠見，他們只出版經典文學。但我們現在要期待的是，會不會有新『五大』出現？」但是如何尋找五大，是一個難解的問題，面對臺灣出版業蕭條的現狀，顏艾琳這樣建議：「臺灣的獨立出版跟行銷很有水準，斑馬線、秀威等出版社還是可以幫一些作品出書。最終還是要看作者寫的是什麼，大的出版社會增加能見度，但小的出版社能為作者提供更多的服務。」獨立出版盛行，若沒有「五小」或「五大」，這些獨立出版社如繁花盛放，終究能成為一片盛況空前的花園。

「文學是國家軟實力的核心，國家面對文學把它當成一回事，就是展現出一個國家的格局。」瓦歷斯‧諾幹說起1997年受邀訪問牛津大學時，海關看見他的邀請函便輕易放行，展現出對學者、文學人的重視。文學的養成決定了國家的文化水準，當閱讀成為日常，更能凸顯國家的格調。除此之外，所謂國際化不僅只是參

訪和外語能力,「我們如何讓母語創作環境更好,如何鼓勵各個族群用母語來寫作,這是更重要的事情。」瓦歷斯肯定文學獎的貢獻,更關注文學獎造成的族群創作效應。

張芳慈總結,用客語、族群語言去做什麼都可以,無論雜誌、電子媒體、詩社集結,想參加就多多益善。唯獨不能遺棄的是寫作的初衷:「你的初衷是什麼?那是一顆初心,不論參加任何獎項,身為文學人的態度要夠。」如同詩人教授洪淑苓所說,以一片赤誠之心創作真誠的作品,在競爭激烈中,莫忘初心。

延伸
閱讀

五小

1975 年至 80 年代,是臺灣純文學出版最輝煌的時期。當時前後有五家出版社專為臺灣作家出書,分別是林海音的「純文學出版社」,姚宜瑛的「大地出版社」,隱地的「爾雅出版社」,詩人楊牧、瘂弦和葉步榮、沈燕士合資的「洪範書店」,以及蔡文甫的「九歌出版社」。五家皆由作家文人所創設,有志一同,以推廣文學為志業,讓 80 年代的臺灣文學閱讀市場達到高峰。「五小」也在林海音的號召下每月舉行一次早餐會,五家出版社的負責人聚會談論出版,並印製共同行銷的《五家書目》。

圖中為文學五小早餐會,左起:林海音、姚宜瑛、隱地、葉步榮、王榮文、蔡文甫。

池畔的文學巨樹
——桃園龍潭鍾肇政文學走讀

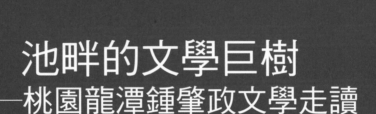

鍾肇政文學生活園區 ➡ 基督教長老教會 ➡ 龍元宮
➡ 龍元路 ➡ 小家庭客家料理
➡ 九座寮鍾家祖祠 ➡ 菱潭街興創基地 ➡ 龍元橋
➡ 下街伯公祠 ➡ 龍潭大池

主講：蔡 濟 民
　　　鍾 延 威
側寫：張 簡 敏 希
攝影：鄧 婷 文

前言

文壇巨擘鍾肇政的文學地景走讀之旅，第一站是「鍾肇政文學生活園區」，由桃園市客家文化基金會副執行長蔡濟民，與鍾肇政的次子、臺灣鍾肇政文學推廣協會理事長鍾延威為講師，帶領大家深入認識鍾老的故鄉。

戰後臺灣文學的發祥地

叫賣聲從市場深處傳向周邊街道，車聲鼎沸，可龍潭武德殿卻格外寧靜，或許是門外兩棵參天羅漢松擋去了喧囂，抑或建築本身就有一股莊嚴肅靜的氣場。殿內正播放著鍾老的《插天山之歌》（《臺灣人三部曲》第三部）所改編的同名電影。

武德殿與斜對面的龍潭國小日式宿舍群被共同規劃為「鍾肇政文學生活園區」，可鍾老的文學地景與生活足跡遍布整個龍潭，因此桃園市客家文化基金會正努力統籌在地資源，並推動龍潭成為滾動擴散的文學生活園區，一如桃園市客家文化基金會蔡濟民副執行長所說：「這個園區並不只是有牆的博物館，更重要的是跟街區鄰里、產業、文化景觀接軌。」

蔡濟民曾多次談到自己與龍潭、與鍾老文學的機緣，再談起這十年來走過的路程，和當初如何透過鍾老的小說重新認識家鄉，心中仍滿是感動，眼中閃現著溫暖且耀眼的光芒。

蔡濟民表示龍潭不僅有大池和花生糖，也是戰後臺灣文學的發祥地，藏有深厚的文學養分，是讓鍾老孕育出大量文本的創作之鄉。

鍾肇政文學生活園區，由鍾肇
政次子——鍾延威，帶領本次
走讀，回憶在鍾肇政文學生活
園區中過往的種種點滴。

龍潭武德殿，建於1930年（昭和5年），是目前龍潭區所遺留下來日治時期的建築中最完整的一棟建築
物，也是目前桃園市僅存的二所武德殿的其中之一。

盛裝鍾家美好回憶的生活場域

龍潭國小內有棵自創校以來就在操場旁的百年榕樹，歲月的痕跡刻在盤根錯節和展開的枝葉之間，陪伴孩子們成長，也見證龍潭城鎮風貌的改變。臺灣鍾肇政文學推廣協會理事長鍾延威提到：鍾老曾隨其祖父搬到臺北大稻埕定居，就讀太平公學校，八歲時舉家搬回龍潭老家居住，鍾老因此轉學到龍潭公學校就讀。鍾延威憶起父親曾對他提起的那些關於學校的事，他說：「孩子們喜歡在老榕樹下玩耍，如打彈珠、打紙牌、捉迷藏，當時樹周圍仍是泥土地，天雨地滑，孩子們在泥地上溜來滑去；鍾老喜歡在操場中散步、思考。」

鍾肇政是龍潭國小的校友，也曾是老師，任教期間一家在學校旁的日式宿舍安居 11 年。日式宿舍群共有三棟五戶，為雙拼一層樓的木造建築，以廁所為界，將兩戶人家隔了開來。

走進園區入口不遠處，鍾延威停了下來，腳旁有半口井，一半在宿舍群內一半在學校，他說那口井是童年時期最美好的回憶。西元 1956 年，當鍾肇政一家人搬進日式宿舍時還未有這口井，教職員家庭每天都要從學校另一頭挑水回來燒飯、做菜、洗衣、洗澡，後來設了一口井在這，成為宿舍群中唯一的水源，井周圍儼然變成重要的社交場域，老師的太太與孩子們常圍繞於井邊，鍾延威還記得井邊本來種了一棵燈籠花，花梗細長下垂，花顎如杯優雅懸掛，彷彿真如燈籠點亮那口井，瞬時過去的場景都在燈下開演。

到了更後來，於鍾家居住的宿舍旁又開了一口井，它不但提供了整家人生活所需，也成為天然冰箱，當有客人來訪時，鍾老就將啤酒或西瓜垂吊放進井裡冰鎮，要在

武德殿內，桃園市客家文化基金會副執行長蔡濟民，為此趟出行進行導讀。

眾人認真聽講，翻閱手中的龍潭市街文學地景走讀教材。

炎炎夏季讓訪客吃到冰冰涼涼的東西，全靠這口井幫忙。

日式宿舍群外有間公共廁所，鍾延威提到這裡過去是其祖父鍾會可（鍾肇政之父）自己搭建的小工寮，以前在老家九座寮仍有田地，會種些水果、地瓜、花生，就將農具放在此，此外，鍾延威的祖父曾回到中國將其曾祖母的骨灰帶回臺灣，因沒有地方放置而暫放在這個工寮內。

過往鍾家住的這棟日式宿舍地址為南龍路五號，一家九口全擠在八坪大的空間內，鍾延威說他兒時與妹妹們、父母同睡一間房，身為男孩子而被要求睡在拉門旁，夜深人靜時，總恍若聽到某處傳來陣陣歌聲，儘管廁所就在不遠處，晚上仍不敢獨自前去，就偷偷站在房外的走道上，拉開拉門往庭院小解，他笑說若沒在整修時換過地板，現在或許還能看到些許尿漬在上頭。

這塊走道也曾是鍾家的娛樂舞臺，鍾延威憶起以前祖父母常於晚上坐在那，並將小孩們都叫來，輪流上去表演，妹妹們表演學校教的唱歌跳舞，他與哥哥就演軍人踢正步，而最令大家感到不可思議的是，鍾老會穿上襪子，從走道一側助跑，再像溜冰那樣，一路滑向另一側，後來孩子們也都學他那樣在走道上玩。

房內擺設盡量還原當年的模樣，於棋盤、藤椅、火爐、筆架間都仍留有生活的餘溫。鍾老愛寫書法，除了常受邀至各公、私立館舍題字，偶爾也會致贈來訪者墨寶。鍾延威提及鍾老未曾臨摹過中國名家的字帖，可有時會翻閱一些來自日本的千字文，並以鋼筆或原子筆練習寫，沒有任何師承，鍾延威說：「硬要說的話，就暫且稱它為『鍾體』吧！」

有關宿舍的生活點滴也被鍾肇政寫進了自傳式小說《青春行》中，鍾老當時表示此書是用來記錄一段「已逝去的青春」：

「校門左邊有五幢日本式宿舍，頭一幢與第二幢相連，隔一個丈把寬的院子，第三、第四也是連在一塊的兩幢……我生了火，掏了一點米。守在火爐前……飯已滾了，我抽下了柴……他已從榻榻米上跨過來，進到我在燒飯的鋪木板的廚房裡來了……我們出到隔一扇紙門的第一個六蓆房間……這六蓆間，衹有靠窗的一張搖擺的書桌和一隻木椅，別無長物，我要和尚坐在椅上，可是他與那兩個並排著在窗臺上坐下了……。」——《青春行》

一張愛妻書桌，成為作家心靈最大的創作支柱

整個空間中，最重要的莫過於那張放在窗邊的書桌。鍾延威說鍾家搬進宿舍時並沒有書桌，於是鍾老從學校借了一組廢棄的課桌椅，放在宿舍旁的竹籬笆邊一棵樹下，每天傍晚回家，趁天光還亮著，他就坐在課桌椅上看書與練習寫作，鍾老的妻子張九妹看他如此熱愛寫作，偷偷請宿舍對面的邱姓木匠做一張桌子，對方恰巧有塊質料很好的檜木，要價大約900多元，當時在小學教書的月薪約是450元上下，這張書桌等同是鍾老兩個月的月俸。

有天鍾老回到家中，突然發現這張檜木書桌擺置在房內，便問錢從何而來？張九妹說是養豬、養鴨、養雞而來的。

過去經濟狀況較拮据，幾乎家家戶戶都會在家裡養豬，一般會將小豬養至125斤左右再賣給人屠宰，過程約耗時一年。鍾延威說其母親較有生意頭腦，她選擇豢養母

豬，那時養了兩條，母豬一年大概能生兩胎，一胎有八到十隻，一年下來就能獲得32隻小豬，有了小豬就有了收入。鍾延威提起自己還曾協助母豬接生，大夥在半夜拿著蠟燭或火把都趕來幫忙。

豬欄旁的空地就用以養雞、養鴨，此外，當時因香港商人炒作，臺灣流行起養「十姊妹」，張九妹也養了，正門的玄關處，小小的區塊堆滿了鳥籠，鍾老常自豪地說自己靠教書和寫作，包含這些雞、豬、鴨、鳥，要養活7、80口，可這些主要是張九妹為貼補家用而選擇的家庭副業，也因此才能買下昂貴的檜木書桌。

這張書桌不僅體現了太太全心無悔的支持，也乘載了鍾老早期幾乎一半的重要作品，從西元1951年刊登於《自由談》雜誌的第一篇文章〈婚後〉，到1960年的《魯冰花》與1961年的《濁流三部曲》等，都是在這張書桌上完成。

鍾肇政曾說：「如果我個人在臺灣文學上有任何成就的話，都要感念這張桌子，和我的妻子。」

點一盞明燈，建立屬於臺灣人的文學

戰後，臺灣人脫離日本統治，盼望光復能帶來美好生活，可二二八事件的爆發帶給社會恐懼與不安，政治肅殺的氛圍令文學界形同荒蕪，更使臺灣文學走進斷層。本土作家幾乎沒有發表的園地，一來日文被禁，中文又還不會唸，二是文藝政策以反共文學為主，並無本土作家發揮的機會。

鍾延威解釋道鍾肇政感嘆臺籍作家無發表的餘地，想將大家集結起來，便從報章雜誌

刊登的作品中尋找臺籍作者，並去信詢問有無意願參與作家內部通訊？當時僅收到七個人回信，包括鍾理和、廖清秀、陳火泉、李榮春、施翠峰、許炳成（筆名：文心）等，一行人於1957年發起《文友通訊》，成為戰後本土作家第一次的私下串聯。

成員們每個月輪流交作品，互相閱覽、評論，在家庭印表機還不存在的年代，每當成員們交來作品，鍾肇政就用刻工版的方式，刻下來後再拿到學校印，最後將成品寄予文友們。也會發起聚會，第一次辦在臺北，第二次即選在鍾肇政居住的日式宿舍中，當時儘管只是純文學且僅限於文友間的聯誼聚會，仍引來特務跟監。

鍾延威笑說有一回鍾老在報紙副刊中，發現一位筆名為奔煬的作家，主動寫信邀請他來參加聚會，他便從彰化偏遠的小學來到陌生的龍潭。奔煬就是臺灣作家張良澤，當時他才21歲，張良澤那時與大家圍桌吃飯，過程中陳火泉都在講黃色笑話，著實嚇到了這個年輕純情的男孩，後來才發現門外鬼影幢幢，有特務在外頭守著，原來這些黃色笑話都是故意講給他們聽以避人耳目。

《文友通訊》在這樣的背景下，到1958年共發了16期，後期因有些文友覺得風險太大，不留心便可能「被失蹤」，總要擔心受怕，紛紛不再參與。對此鍾老也有些心灰意冷，便將《文友通訊》停刊了。

雖然《文友通訊》僅發了短短16期，卻在臺灣文學空白時期將本土作家聯繫在一起，並逐漸凝聚出臺灣意識。鍾老一直覺得做得還不夠，直至《濁流三部曲》完成，內心的感觸似乎仍沒真正被抒發，後來又經過《大壩》、《大圳》等幾部長篇小說，才逐漸建立個人的寫作精神，「那就是臺灣！是一個族群精神的確立。」鍾延威緩緩而堅定的道出這句話。於是鍾肇政寫下《臺灣人三部曲》，表達出從乙未1895

鍾肇政文學生活園區的宿舍內部，擺放張九妹為鍾肇政所添置的檜木書桌，乘載了鍾肇政早年的重要創作。

年到終戰這段時期臺灣人所經歷的故事。

所以會忽發此奇想，原因之一應是50年代「自由中國文壇」上流行著一種說法：

「二十年內不會出現臺灣作家」。……我們這一批以「文友通訊」為據點出發的「光復第一代臺灣作家」，雖然已經悄悄地冒出了頭，但還只是在萌芽階段，……尤其《臺灣文藝》出來以後，更屢屢有「原來他也是臺灣作家！」的驚喜。……總之，臺灣作家是越來越多了。——《鍾肇政回憶錄（二）文壇交遊錄》

鍾延威說鍾老為反駁「二十年內不會出現臺灣作家」這個說法，憑藉著一股執拗不屈的精神，利用「臺灣光復二十周年」的名目，編了一套《本省籍作家作品選集》，之後又編了《臺灣省青年文學叢書》，進而讓許多苦無機會出書的本土作家得以出道。鍾肇政接編《臺灣文藝》後，盡全力提拔同一代的作家，並提攜後進，還將日治時期就已成名，卻在終戰後苦於無法寫作的作家作品，翻譯成中文，鼓勵他們重回文壇。

小小一間日式宿舍有鍾家人住過的印跡，也裝滿本土作家們的創作之魂，此處被研究臺灣文學史的張良澤教授譽為「戰後臺灣文學發祥地」。

挖開文學根脈，探尋作家創作源頭

此時正值休耕的季節，一眼便能望見遠處的福爾摩沙高速公路（國道三號），此處是鍾肇政的出生地九座寮。鍾延威介紹遠處為雪山山脈，可遠眺插天山、李棟山、鳥嘴山等，過去還未建造高速公路前，能看到由石門山與其他兩座小山交疊而成的筆架山，曾有風水先生斷言鍾家子孫必出文豪。

鍾家第一、二代勤奮開墾，卻都不識字，於是讓第三代開始受教育，鍾老的曾祖父便是漢文私塾老師，如今私塾仍留著，傳統的土角厝裡頭已被用以堆放雜物，當初

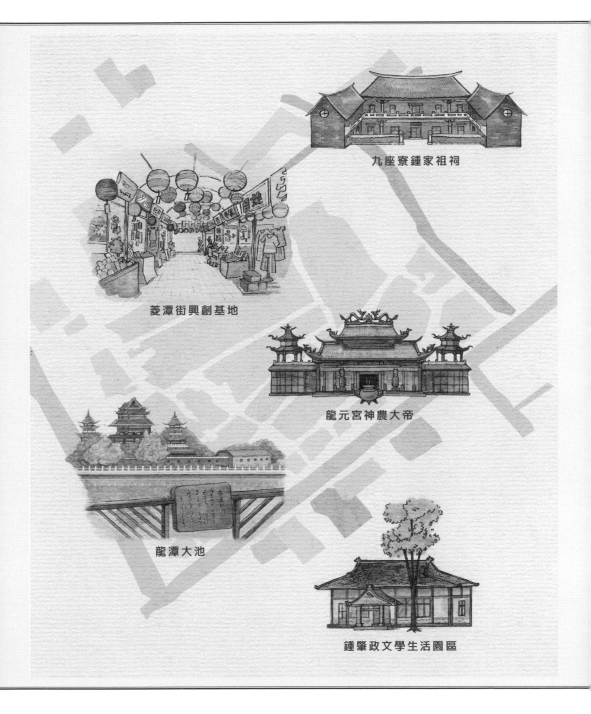

九座寮鍾家祖祠

菱潭街興創基地

龍元宮神農大帝

龍潭大池

鍾肇政文學生活園區

鍾家子孫就在這裡上學。離私塾步行幾十公尺，便是鍾家祠堂及老屋。鍾家祠堂曾是龍潭十景之一，入口鐵門兩側寫著「朝迎旭日升，香騰九重天」，祠堂過去相當講究，從燕脊到剪黏都能看出建造時的用心。

土地是文學的源頭，從《臺灣人三部曲》第一部《沉淪》中，所寫的「陸家」能看到「鍾家」的樣貌。回到老屋，鍾延威說祖父曾講：「土地你給它多少，它就回報你多少」，儘管現在沒有，未來也會有，這句話深深影響著鍾老的一生，推動著他向前邁進。

文壇浩蕩大河，流淌龍潭街巷

龍潭基督長老教會

鍾肇政為臺灣大河小說創作第一人，文學之河在龍潭區內生生不息，孕育故事延展支流。鍾老的身影、足跡無所不在，讓他的小說猶如無邊無際的藏寶圖，要一點一滴沿線找尋線索。

在過往的客家庄較罕見的是，鍾肇政一家自祖父輩便開始信仰基督教。鍾延威解釋鍾家之所以會開始信仰基督教，是因鍾老的堂哥得了

鍾家祠堂，位於九座寮，鍾家祠堂曾是龍潭十景之一。

怪病,醫師束手無策,恰巧遇到北部客家地區的傳道士鍾亞妹,鍾老的祖父答應鍾亞妹若祈禱後孫子的病好了,便願意自此信主,結果疾病果真痊癒了。鍾延威笑說以前文友們到家中留宿,家裡太擁擠時,孩子們就會被帶到基督長老教會住,牧師待他們很好,有時還會煮兔肉給他們吃,是很美好的回憶。

龍元宮

整個市區發展都沿著龍元宮向外擴張,建於1825年,主祀的神農大帝(客庄尊稱:五穀爺)被視為農業與醫藥界的守護神,是龍潭客家人的信仰中心。1895年乙未戰爭從中壢打到龍潭,龍元宮曾被燒毀,而後透過各庄頭集資重建。此廟也是常在鍾肇政的作品中出現的地點。

龍元宮,建於西元1825年,主祀神農大帝,本地人稱為大廟,是龍潭客家人的信仰中心。此廟也是常在鍾肇政的作品中出現的地點。

龍元路

龍元路位於龍元宮前方，是地方上的經濟命脈，鍾延威沿途介紹著年代悠久的老店舖，如：販售民生日用品的老雜貨店「隆興商行」、過去年輕人約會的最佳地點「松屋冰菓室」、龍潭最老的飯館「清香樓」。

水果巷

連接北龍路與龍元路，以前是下街通往新竹客運的必經之路，巷子兩側有許多水果店，在地人需要時常來此挑禮盒，也有販賣小零嘴供搭車的乘客解饞，可如今已看不到水果店了。

菱潭街興創基地（龍潭第一市場）

桃園市客家文化基金會副執行長蔡濟民介紹第一市場在日治時期相當熱鬧，同時也是上街與下街的分野點。沒落後變成一條暗巷，常有不良分子在此逗留。近幾年於返鄉與留鄉青年，以及在地居民的努力下，逐漸轉型成新創業空間，塗著龍潭色彩的燈籠高掛頭頂，咖啡、蛋糕香不斷從巷內飄出，各式手工藝品琳瑯滿目，為龍潭帶來新生與活力。

菱潭街興創基地（龍潭第一市場），由桃園市客家文化基金會副執行長蔡濟民介紹這條巷子的演變。

龍潭戲院（龍潭座舊址）

鍾延威笑說鍾老非常喜歡看電影，教書時常翹班看電影。過去電影螢幕旁會有個小
螢幕，若臨時有訪客要找他，便會委託戲院打上「鍾肇政外找」的字幕。

龍元橋

龍元橋下長年掛著兩艘龍舟，僅在端午龍舟賽時才拿來用。橋下水溝處是以前洗衣
服的地方，順著水溝下游探尋，便是鍾老兒時獨自學游泳的秘密基地，他時常到那
度過悠閒的午後時光。

乳姑山

自龍潭大池向西望去，最高點即為乳姑山，其外觀猶如女性乳房，客家話稱「奶
姑」。當鍾老於1946年到龍潭國小教書時，其父親在三洽水國小當校長，一家人住
在三洽水國小的校長宿舍內，從三洽水國小到龍潭國小六公里，過程中要翻越乳姑
山。鍾肇政曾出版《苦雨戀春風》，書中「她」是他擔任國小老師時的同事，兩人談
了一場深刻的戀愛，後來被迫分開，鍾延威笑說他父親每天行經龍潭大池，往乳姑
山走去時，不知幾次都想跳下池中。

回望家鄉，作家生命中最美的景色

武德殿內，由元春中藥房的曾卓穎，帶領大家製作藥草包，既能驅蚊又可安定身
心，一邊細心裝進小白布袋中，一邊聽元春堂的曾金鵬阿公的故事。曾金鵬15歲開

始學中藥，開設中藥房後在地經營超過一甲子。當時許多人會到龍元宮求藥籤，再到元春堂取藥。曾金鵬說：「人有誠心，掛有靈」，每個人將它收妥，一如也把個人的信仰精神存放裡頭，又再上路。

行經滿滿花生油香的西龍路，轉進有〈魯冰花〉旋律響起的十字路口。最後來到龍潭大池，由客家委員會藝文傳播處廖美玲處長以客語朗讀〈龍潭故鄉〉。我們無法確定，龍潭何以讓鍾老牽心掛腸，但龍潭的美確實在旅程中一覽無遺，被靜靜收進心裡。

〈龍潭故鄉〉──鍾肇政
麼儕無故鄉，麼儕毋想故鄉。
故鄉係吾母，分匡來日夜想。
龍潭係吾故鄉，發夢都會來想。
龍潭係吾故鄉，不時都來掛心腸。
乳姑山腳下，大陂塘水鮮鮮。
雪山李棟山，巍巍在天邊。
兩百多年前，祖公來開荒。
一坯坯个黃泥塙，今晡日變良田。
方圓三十里，禾串打滾浪。
青青平陽地，筍筍个茶心香。
若人个樂園，若人个天堂。
恁靚个龍潭，分匡來掛心腸。

小說、老宅、佐茶香
——新竹北埔龍瑛宗文學走讀

龍瑛宗文學館 ➡ 北埔國小 ➡ 彭家祠堂
➡ 金廣福公館 ➡ 龍瑛宗故居 ➡ 秀巒公園
➡ 北埔食堂 ➡ 慈天宮 ➡ 忠恕堂
➡ 天水堂 ➡ 姜阿新洋樓

主講：王　惠　珍
　　　吳　錫　斌
　　　姚　其　中
　　　劉　仲　岱
　　　劉　抒　苑
側寫：張簡敏希
攝影：汪　正　翔

前言

早晨從臺北出發，本場「參詳・當代客家文藝沙龍」走讀活動來到新竹北埔，以「小說、老宅、佐茶香」為題，跟著客籍作家龍瑛宗的創作足跡，在這個古蹟密度極高的客家小鎮歷經一趟文學地景巡禮。

記憶中寡言又充滿慈愛的祖父

走讀第一站來到龍瑛宗文學館，位於北埔國小側門，興建於1916年的原北埔公學校日式宿舍，冬季早晨的空氣冷冽清新，和煦日光透過木格窗灑在室內的榻榻米上，房屋中許多留白的空間，給人帶來舒服自在的感受。作家龍瑛宗的孫子女：劉抒苑、劉仲岱，與曾孫女劉芮里，以及國立清華大學臺灣文學研究所教授兼所長王惠珍，一同帶領本場走讀，一早便在文學館外等候，準備以熱情接待大家的來訪。

龍瑛宗文學館，位於北埔國小側門，建於西元1916年，原為北埔公學校日式宿舍。

龍瑛宗本名為劉榮宗，因「龍瑛宗」之日語發音與本名相同而以之為筆名。他也為劉家的女孩們命名，且總用與植物相關的字，如梅、芝、芙、莉。劉抒苑提及龍瑛宗曾寫一封信給她日本的伯父，信中寫道：「我們人要像植物萌芽的那一瞬間向上的力量，因為那裡就是有著無限的希望跟未來」，期盼她們像小草般充滿韌性，無論在何

龍瑛宗的孫女──劉抒苑。

種環境下皆能懷著希望好好生存。人們常笑稱女兒要當寶養，兒子則要當草養，但在龍瑛宗眼裡，植物既堅韌又充滿生命力更是值得我們學習，可見其對家中女孩們的期盼之深。

「不講話」是孫子女們對龍瑛宗的印象，一家子圍成一桌吃飯卻不曾談天說地，用餐時間就是個靜默的過程。龍瑛宗不用言語，而是將慈愛寄放在他們的名字裡，也存放於有彼此陪伴的日常相處中，例如要孫子女們去寄信投稿或領稿費，又如關心劉抒苑大學選填的科系，但不像普遍長輩會建議選擇的法律系、會計系這類，未來出路明確且收入不錯的科系，而是提議選填中文系、哲學系、歷史系、人類學系，讓在座每個人都不禁莞爾。是在進了圖書館系要去實習時，劉抒苑才發現在國家圖書館中，有好多人的學術論文都在研究龍瑛宗，也才意識到自己的祖父是一個受大家重視的作家。

劉仲岱說，龍瑛宗是個時間相當固定的人，總是在同一個時間用餐、帶他散步、於

陽光下配著大杯的牛奶讀報、看京劇，也會帶劉仲岱到牛棚外看投手練球，或一起看電視轉播球賽，彼此的關係又遠又近，近的是彼此相處的時光，而遠的是當龍瑛宗在思考時，好像有好多事情在腦子裡轉動，可他無法讀出祖父的心思，但無論過了多久，龍瑛宗那獨特的、淡淡的微笑，都會長存於他們心中。

龍瑛宗的孫子──劉仲岱。

在時代巨輪下失語

龍瑛宗自1927年進入臺灣商工學校（今臺北市開南高級中等學校），負笈北上後，便未曾再回到北埔久居。劉抒苑與其父親皆在臺北出生長大，努力重拾客語是長大後的事，擔任龍瑛宗文學教育基金會的執行長像是個契機，讓她有更多機會回到北埔，用祖父的語言與當地的人們溝通、聊天。

王惠珍教授接著介紹龍瑛宗文學館的空間規劃、策展概念與展品陳設，她提到，1945年日本戰敗，臺灣人脫離日本殖民，政權更迭時龍瑛宗已30來歲，面臨語言改換就如失語，對一位日語作家而言，更如剝奪其創作的靈魂。

離開文學館，王惠珍教授帶著大家走讀龍瑛宗的北埔。首先抵達擁有大器牌樓的彭家祠堂，教授說道：「其實龍瑛宗曾在彭家祠堂上過幾天私塾，但彭家祠堂因日本警

王惠珍教授介紹龍瑛宗文學館的空間規劃、策展概念與展品陳設。

察取締干涉被迫關閉。跟吳濁流不同，吳濁流受過完整的私塾教育，所以寫了一手很好的漢詩，可是龍瑛宗不會」。龍瑛宗對於中國的知識、文學及想像，都是來自日本的漢學，如讀杜甫、李白的詩皆是以日文閱讀，而對自身族群的認同意識，則是源自於慈天宮廟埕前的傳統戲劇，以及父親說書的過程，藉以學習中國民間故事與白話古典小說，但他深知這些遠遠不足，對於學習漢文內心有所渴求，在自傳體小說〈夜流〉中，他曾描述道：

「一到早晨，杜南遠就把《三字經》包在包袱裡，將白開水裝在酒瓶中提著，會同四鄰的學童趕著去彭家祠之路。走到中途，有柔嫩的綠毛氈一般的水田，穿越那裡便看見滿湛著綠水的池塘。池塘畔叢生著孟宗竹。孟宗竹欣欣向榮，在夏天的風裡葉子沙沙發響，在徐徐發亮的白雲裡，輕柔地搖曳著。」──〈夜流〉

同時也於〈夜流〉裡，一再提及沒能受私塾教育的遺憾。彭家祠堂點燃了龍瑛宗內心想學漢文的燈，卻也在最後成為缺憾之地。

保留於文字中的氣味與樣貌

來到北埔老街，在北埔街與公園街18巷的交會口是有生藥局的所在地，這裡便是龍瑛宗的故居。走上一旁百年石階，當地信仰中心：慈天宮座落於正中央，乍看之下並無特別華麗，細看各處雕刻精細生動，廟前香客、遊客熙來攘往。王惠珍教授說，龍瑛宗年幼時期會偷爬到廟前的石板玩耍，而後又被母親抓回家中，依據龍瑛宗之子——劉知甫先生調閱的日治時期戶籍資料看來，起初龍瑛宗一家人入住北埔時，棲身於慈天宮旁的房子，直至經濟狀況提升、存夠了錢才買下有生藥局那棟房子，並在此設立「劉協源」商號，在當時除了賣雜貨還兼賣鴉片。根據劉家在日治時期的戶籍資料，龍瑛宗的父親劉源興的職業註記為「阿片煙膏請賣業」，在其小說中也常見對於吸食鴉片者的描寫。

不同於南部作家筆下描寫的嘉南平原農村風情，龍瑛宗自小在小鎮上生活，作品中幾乎都是以小鎮為創作背景，而慈天宮的廟埕也是龍瑛宗很重要的書寫舞臺，「所以他的文學的特點跟他的生活有關。」王惠珍教授如此說道。一如小說〈黃家〉中所描寫的小村樣貌，就與北埔相對的地理空間極為相似，開頭便點出近似乎慈天宮的廟埕風景。

「枇杷庄是可以望見中央山脈的一個寂寞小村子，大約位於村落中心的地方，有一所門扇黝黑，柱子積塵，屋瓦長了青苔，還這裡那裡地伸出雜草的，叫慈雲宮古廟。古廟前是石板廣場，那裡有一棵老榕樹，把那髒污色的枝椏低低地伸展著。到了夏天，這老榕樹便會給人們帶來美妙的綠蔭，聚集著賣一片一錢的鳳梨，匡匡地敲響碗，叫價一杯也是一錢的仙草小販，旁邊還有個乞丐，沉沉地落入死屍般的午睡之中。半腐的有如痲瘋病一般的腿長長地伸出，不知從哪裡來的一隻野狗在舔著它。」——〈黃家〉

〈黃家〉講述生活在窮困小鎮，個性迥然不同的兩兄弟──若麗與若彰，他們各自對人生有著不一樣的想像，哥哥若麗較理想化，不願自身才華被埋沒於小村中，想離開故鄉去東京學音樂一展抱負，而弟弟若彰較為務實，雖然有繪畫才華，但對於成為藝術家抱持著觀望的態度，最後在現實的條件下，若彰決定在鄉下替人畫畫肖像，腳踏實地的生活。若麗則因好高騖遠且欠缺實踐力，在幻想破滅後，成天借酒澆愁走向墮落的道路。有日若麗在外喝酒深夜未歸，若彰與媽媽一同前去找若麗，內容講述了廟宇周遭的小巷樣貌。

「慈雲宮旁邊有個細長的小巷，泥壁散發著尿騷味，走過時一不小心便會碰上鼻子似的。穿過小巷，便來到枇杷庄最可悲的街道。那是寒傖的，令人想起小迷宮般的街道。慈雲宮後面，是一所由巨樹、老樹的暗綠罩住的、斷壁一般聳立的林子，中間有塊平地，幾百戶人家擁擁擠擠地聚在一堆肩頭好像要擦上泥壁般的凸凹不平的小巷，彎彎曲曲地，糾纏地扭在一起，盡頭有的是死巷，有的出到緩坡或陡坡，屋頂是半毀的鳥翅般的臺灣瓦，也有茅草的。斑駁的土牆，發黑的竹柱，有些地方牆崩塌了一大塊，露出陰暗的廚房，有如五臟六腑。」──〈黃家〉

慈雲宮廟前為筆直、縱橫的道路，可一旦鑽進廟旁房屋的小巷，道路便變得彎彎曲曲，彷彿一不留神就會迷失方向與人群走散。北埔位於原漢衝突的界線上，過往被設計為防護功能較強的空間，道路總是曲折蜿蜒，一如小說中所提及的糾纏扭曲，真實生動讓人恍若走進文學產生既視感。

現實生活中，北埔老街已成為著名觀光景點，街上烤鹹豬肉香氣四溢，凡走過便忍不住駐足看看架上陳設的豬肉，與〈黃家〉中所描述泥壁散發的尿騷味截然不同，更凸顯當時寂寥山村裡的真實樣貌。其中氣味與月光的描寫，都是龍瑛宗在文學創

作上的特點之一。

為臺灣文化而寫，種下文學之花

王惠珍教授說：「客家文學裡常常會有淺丘山林視覺上的描寫。……還有里山文化的視覺，與自然書寫的部分。」龍瑛宗的作品中，那些陰鬱的淺丘山景，寫的是慈天宮後方林木蓊鬱的秀巒山。

繞至慈天宮廟後沿著步道而上，會看見三個紀念碑，以海拔低至高排序分別為「開拓大隘紀念碑」、「開闢百年紀念之碑」、「北埔事變遭難者紀念碑」。

龍瑛宗在小說中曾描寫原住民進入鎮上，穿著丁字褲、臉上有黥面，在雜貨店購買生活用品時被騙錢的情況。龍瑛宗不僅在年幼時常於小鎮街上見到泰雅族人的身影，其家庭命運也與之密切交織，祖先親族多人成為原漢衝突下的冤魂或被原住民出草，而其父親在山區的樟腦事業也因之破產。

1930年龍瑛宗的祖母離世，當時他剛任職於臺灣銀行，日籍經理不願讓他請假，讓龍瑛宗的內心留下了遺憾，直至1933年北埔居民為紀念大隘開闢百周年而設立「開闢百年紀念之碑」，龍瑛宗以慶祝之名被批准請假，特此回到北埔參與紀念碑設立，而在1977年建立「開拓大隘紀念碑」時，龍瑛宗也以耆老的身分參與。兩個紀念碑在龍瑛宗的隨筆中皆有被提及，他一直都在歷史現場，見證北埔的墾拓史。

「北埔事變遭難者紀念碑」的殘碑後方，那片山林是龍瑛宗所描述的紫色群山，不斷有人在生存的競爭中死亡，留下悲劇性的故事，站在歷史現場、走過歷史軌跡，龍

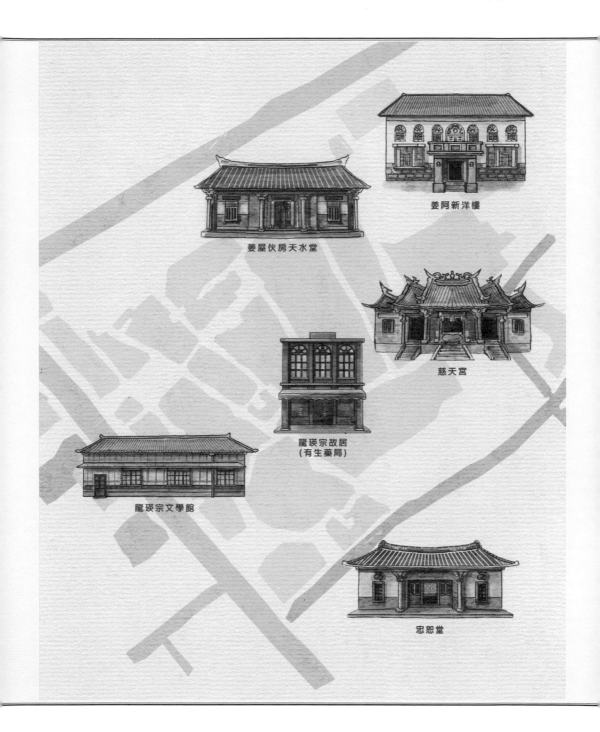

姜阿新洋樓

姜屋伙房天水堂

慈天宮

龍瑛宗故居
（有生藥局）

龍瑛宗文學館

忠恕堂

瑛宗的人道關懷也在這片充滿族群衝突的土地上，逐漸被孵育成形。一如龍瑛宗所言：「我是用嚴肅的心情為臺灣的文化而寫。」

穿梭文學與歷史——北埔之美

北埔為古蹟密度最高的客家村落，從龍瑛宗文學館出發拐幾個彎再穿過小巷，便會看到天水堂，接著每走幾步就能看見金廣福、姜阿新洋樓、慈天宮、忠恕堂，且每個古蹟皆以秀巒山為風水靠山。

午後，享用完北埔道地客家菜——北埔食堂，跟隨臺灣生態旅遊協會的古蹟課程講師姚其中，與姜阿新教育基金會吳錫斌董事長的腳步，也一一解鎖各個古蹟建造的細節與故事。

天水堂

姚其中說，天水堂為北埔的首墾戶姜秀巒的宅第，於天水堂另一側之金廣福則為其墾號。姜氏祖先的發源地來自於中國甘肅省天水市，漢朝時曾為天水郡，因而堂號為「天水堂」。

龍瑛宗因看到旅遊報導發現天水堂與金廣福已成為旅遊景點，而特別在隨筆中提到此處。在有關客庄有錢人家的描述上，龍瑛宗在小說〈貘〉中對於男主角徐青松的背景敘述，近似是對於姜家的描寫。但原則上他不太提到姜家，或特別提及地方的有錢人，龍瑛宗的文學視野或社會觀察，都是在有一定的距離內進行觀察，這也是其作家的特質之一。

慈天宮

姚其中帶領大家再度參訪慈天宮，並詳細補充，慈天宮起初供奉墾首姜秀鑾奉祀之觀世音菩薩，而後請入媽祖，成為雙主神的廟宇。其雕刻極為精細，一般龍柱的龍頭朝下，可慈天宮步口簷廊的石雕龍柱為升龍柱，是全新竹唯一。吊筒上有帶翅膀的飛天仙人，看起來像是天使，實則是受佛教影響。交趾陶裝飾有「姜子牙伐紂、孔明征南蠻」等故事，其中以「孔明征南蠻」表示開墾時期與原住民搏鬥之事蹟，在在顯現姜家當時在當地的勢力。

1874年（同治13年），也是牡丹社事件日本人攻打恆春那一年，由姜秀鑾之孫——姜榮華重修慈天宮，在廟內雕刻出少見的人物柱講述24孝的故事，希望慈天宮除了是北埔的信仰中心，也發揮教育的功能。1935年中部大地震猛擊新竹、臺中兩地，當時知名的龍騰橋損毀，慈天宮也在震後進行重修，貼上新的磁磚，成為了其中一個歷史事件的標誌。

忠恕堂

自慈天宮穿過小巷能抵達忠恕堂的側牆，牆上以六片瓦排列成菊花瓣牆，以示人淡如菊，是君子的象徵。姚老師說道：北埔曾宅「忠恕堂」建於西元1922年，曾家堂號源於其祖先——曾參。〈論語・里仁篇〉記載曾子之言：「子曰：『參乎！吾道一以貫之。』曾子曰：『唯。』子出，門人問曰：『何謂也？』曾子曰：『夫子之道，忠恕而已矣。』」因此以忠恕堂為其堂號。

其正面為西洋式造型，是一棟中西混合的建築。原先坐北朝南與姜氏家廟之燕尾翹

慈天宮，於1874年由姜榮華重修，姚其中向眾人講解慈天宮的獨特之處，如廟內的24孝柱、步口簷廊升龍造型的石雕蟠龍柱是臺灣少見的型態。

脊相沖，犯「泥尖煞」，認為諸事不順是因風水而起，為避煞才更改大門方位，使其建築也靠向秀巒山的方向。

姜阿新洋樓

電視劇《茶金》使姜阿新洋樓一夕爆紅，人人皆想進入其中一睹洋樓內的風采。就如姜阿新教育基金會，同時也是姜阿新的長孫女女婿吳錫斌董事長所言：「這個洋樓最大的特色是風跟光的典範」，中西混合的建築內外，做工、選材精巧，一百多扇窗使室內顯得遼闊通風，無論何時皆能自各個角落發現光影，這些光影顯然成為此棟洋樓內最美的陳設擺飾，可想見當時的風光榮景。

除巧奪天工的建築本身，最引人入勝的莫過於姜阿新洋樓內藏有的那些故事，從興盛到破產，親眼看著自家宅院被拍賣，一家人離開北埔，又在堅持努力下終能買回洋樓，其中辛酸不捨非外人可領會，這棟建築有著滿滿的美感，也帶有濃濃的家族情感，隨著重新修建，各個物件終物歸原主回到洋樓之內，故事讓在場每個人的內心都悸動不已。

客家聚落中未完待續的故事

冬季早晚溫差大，下午天氣逐漸轉涼，走讀也來到最後一站隆源餅行，要在此製作創新柑橘風味紅粄。將橘黃色的粄糰不斷揉壓，利用手掌餘溫使粄糰逐漸重新變軟，抓取適當的量包入柑橘、紅豆，抑或蘿蔔乾內餡，再以粄模壓製成龜粄或桃粄的形狀，一整套過程下來用不到十分鐘，大家玩得不亦樂乎。

姜阿新洋樓，建於 1946 年，融合中西
風格，建築設計巧妙，極具特色。並
見證北埔茶業發展史，為北埔地區的
代表性建築。

姜阿新洋樓內部，2001 年指定為縣定古蹟，在西元 2018 年完成修復，現由姜阿新教育基金會統籌營運。

隆源餅行，體驗製作創新柑橘風味紅粄。將粄團揉捏後利用手掌溫度使其軟化，再塞入適量內餡。　　包裹住內餡後，用粄模壓製成龜粄或桃粄的形狀，最後將其從模具取出即完成，一整套過程不過十幾分鐘。

一口咬下做好的粄，米食甜香與柑橘香在口中交融，或甜或鹹層次豐富。柑橘製作的食物易有苦味，繁複的前製功夫少不了，才能使創新滋味跟傳統口味結合卻毫無違和。一如今日尋訪北埔，老街上各種新舊元素融合一體，作為此地的新訪客，以現代視角回頭，以龍瑛宗的文學視角再看這個村鎮，感受也在新舊古今間轉換，值得細細品味，若以最新的用語來說，我們大概像走入了實體的元宇宙，看見收攏在小鎮內姜家的起落興衰，也踏訪了龍瑛宗筆下那些故事的背景軌跡。而北埔的故事會繼續被說下去、寫下去，總有更多新的篇章待我們再次翻閱。

向光～草木有情
——新竹新埔杜潘芳格文學走讀

褒忠亭義民廟 ➡ 新埔鎮宗祠客家文化導覽館 ➡ 潘家洋樓（潘錦河故居）
➡ 廣和宮 ➡ 潘屋與螃蟹穴洗衫窟 ➡ 台灣基督長老教會新埔教會
➡ 戰鬥巷 ➡ 涼井人文生態園區

主講：張　芳　慈
　　　彭　元　岐
　　　彭　瑜　亮
　　　戴　德　泉
側寫：張簡敏希
攝影：汪　正　翔

前言

新竹縣新埔鎮以生產柿餅而聞名,近年推動的「三街六巷九宗祠」徒步旅行計畫,
讓大家對於這座小鎮的人文歷史有了另一層認識。新埔是全臺宗祠密度最高的客家
庄,是臺灣最具代表性的義民信仰重鎮,也是著名詩人杜潘芳格及吳濁流的故鄉。
本場走讀邀請到與杜潘芳格亦師、亦友、亦情同母女的客家詩人張芳慈擔任導覽
人,引領大家讀詩,以杜潘芳格獨具慧眼的女性詩人視角,重新認識新埔小鎮。

置身時代,提筆掙扎反轉

以新埔褒忠義民廟為起點,張芳慈從兩篇帶有政治批判意味,以客家傳統民俗慶典
為題,杜潘芳格最著名的作品〈中元節〉與〈平安戲〉說起。

〈平安戲〉
年年都係太平年
年年都作平安戲
斯曉得順從个平安人,
斯曉得忍耐个平安人,
圍緊戲棚下,
看平安戲。
該係你兜儕肯佢做个呵!

儘多儘多个平安人
甘願咬菜舖根

嗑甘蔗含李仔鹹。

保持一條佢个老命
看，平安戲。──張芳慈 翻譯

所有人皆化身為「平安人」，當臺上戲曲正熱鬧上演，主角一搭一唱，觀眾反倒成為客體，乖乖坐在臺下跟著劇情嬉笑怒罵，但其實這些人本身是壓抑、不被看見的存在。在強權更勝公理人權的年代，比起面對強權的不作為，更像是無能為力，只能「忍耐」、「順從」。

優越的地理位置，讓臺灣向來難以從戰爭中倖免於難，張芳慈形容當時的人們在時代嬗遞中猶如三明治，一方面意識深處視中國為祖國，期待被拯救，卻始終等不到那一天，另一方面於日治時期下又被迫接受皇民化運動。雙重夾擊下，人心更為矛盾且逐漸破碎，這些記憶也被嵌進杜潘芳格的生命中。因杜潘芳格的祖父潘成鑑於日治時代任職庄長，在地方上有一定的影響力，使她能進入「小學校」與日本小孩接受同等教育，卻在就學過程中不斷被日本人霸凌。儘管在詩中批判「平安人」，她又何嘗不是最了解人民所苦的人呢？

來到杜潘芳格過去曾拜訪的涼井人文生態園區，園區負責人彭元岐提到，杜潘芳格曾以「出差世」形容自己所處的年代，「出差世」在客語中，有不該出生在世上的意思，在她的詩裡以這個強烈的詞彙，呼籲客家人要堅強起來，不讓母語持續流逝。杜潘芳格一生經歷三次國籍變更，生於1927年日治後期、歷經國民政府接管臺灣、1982年取得美國護照尋求移民。在政治變遷中，她以創作發聲，像是一個從屈服順從到掙扎反轉的過程，以詩批判的同時也在詩中自省，張芳慈說：「我跟杜潘芳格從

黨派與族群（面向）認為，很多事情需要時間看清楚。」杜潘芳格寫出時代下的無奈，將真實所見、所想呈現於字裡行間，但一切事件、功過，都該慢慢留給後人評價。

光喚起生命與寫作的能量

杜潘芳格寫出〈中元節〉、〈平安戲〉等，客家傳統民間信仰，而她其實是虔誠的基督徒。坐在臺灣基督長老教會新埔教會的花圃前，張芳慈說明杜潘芳格的母親詹完妹，與其母親的養父母皆為基督徒，杜潘芳格曾說：「說起我的教育，可以說宗教占了很大的部分，因為母親是很虔誠的基督徒，所以從小我受她的影響。」因此其作品中有許多與宗教相關的用句字詞。

褒忠亭義民廟廟埕，跟隨詩人張芳慈的導覽一同認識杜潘芳格的文學世界。

〈有光在該位个時節〉
在該位有 光
看著 光 黏皮
心就歡喜快樂有希望。
光 實在係个好東西
有 光 在該位个時節

有 希望 有喜樂 有安慰
我愛做最先去點光个人
我因為愛點光
比麼儕兜較遽，走上走下勞勞碌碌。——張芳慈 翻譯

光能帶來希望、喜樂與安慰，杜潘芳格願為光、為信仰，歡歡喜喜的奉獻，而這奉獻並不僅止於信仰，張芳慈回憶起杜潘芳格對文壇的付出，也是如此盡心盡力、出錢出力，從來沒有拒絕過請託。

〈紙人〉
大地項滿哪都係紙人
秋風一吹啊來，搖過來搖過去。

我毋係紙人，
因為，我个身體斯係器皿，
我个心斯係神个殿。
我个頭那淰淰係天賜个靈感。
有力量，我有能力。

紙人充滿了臺灣島項，
我尋，我哪位都去尋，
像我共款个真人。——張芳慈 翻譯

杜潘芳格寫從信仰中獲得愛，這份愛也表現於對臺灣鄉土之情。她並非許自己成為

真人，她就是真人，一如張芳慈所說：「在現實生活中，她也是非常真誠相待的人，不喜歡虛假的言語，是內外合一的作家，不會說一套做一套，她本身是真人。」這樣的「真」，讓杜潘芳格想召喚更多與她相同的書寫者，或更多「真」的力量，讓這些力量靠近她所處的現實世界中。

〈重生〉
黃色的絲帶
和
黑色絲帶。
我的死，
以桃紅色柔軟的絲帶
打著蝴蝶結的
重生。

華人對於生命的消亡帶有恐懼，但杜潘芳格對此抱持著樂觀，甚至是達觀的態度。喪禮中多用黑色或黃色絲帶，杜潘芳格則希望自己的喪禮上能用桃紅色絲帶，並非要與眾不同，只是單純認為這樣比較美，若美能成為信仰的一部分，也能有救贖的力量。張芳慈說：「她認為死亡是朝向光明的，是另一種重生」，因此她一點也不忌諱，好似死亡猶如一個生命的完整而非殞落。身為插花老師，她從植物身上更清晰看見生死循環，於許多相關作品中，皆能看見杜潘芳格對生死的豁達。

張芳慈說〈重生〉原來的詩名為〈桃紅色的死〉，作家生在跨越語言的世代，時常要面對語言轉換的困境，由於不熟悉，而在文字中一再斟酌，希望能使用更貼近內心本意的詞彙。

住在詩人體內,父與母的個性靈魂

客家人注重香火延續,拿香祭拜為
基本文化禮俗,對不拿香的基督徒
多少帶有異樣眼光。於螃蟹穴洗衫
窟前,隔著一條馬路望向新埔潘
宅,張芳慈娓娓道出杜潘芳格的家
族故事。其父親潘錦淮為新埔地區
望族的長子,其母親詹完妹受限於
夫家,為婚姻只能表面放棄自身宗
教信仰,可內心仍時常偷偷禱告。
詹完妹本來姓鄭,年幼歷經三次送
養,先後因送養沒多久,對方家中

潘屋與螃蟹穴洗衫窟,杜潘芳格的故居宅院外形如一隻螃
蟹,對街的洗衫窟內的泉湧過去也像螃蟹吐泡泡般,會有
小水泡自水底冒出。

的狗、鴨子死去,而被認定會帶來不祥,因此「退貨」,最後由新埔地區篤信基督的
詹氏醫師夫婦收養。

杜潘芳格的父親潘錦淮曾赴日攻讀法律學位,並曾任日本主事官的部下,時常要陪
日本人交際應酬,潘母也陪同先生四處演講,期間看見日本人許多所作所為令人髮
指,憤而投書,造成潘錦淮前途受阻,甚至遭受生命威脅,兩人差點因此離婚。但
杜潘芳格知道父親是愛著母親的,當年兩人的婚姻不被祝福,但潘父只愛潘母。杜
潘芳格曾在〈父母之家〉這首詩中,寫下了她眼裡的父母。

〈父母之家〉

母親的姿影

午後靜寂的教堂院子

傲霜的玫瑰花

看不見母親

因為父親的影子

就母親而言

父親是

像拔掉花瓣和葉子殘存下來的枝椏

馨郁的父親花

母親卻看不見

住在玻璃製十字架裡的母親

住在母親裡的父親

以倆的家是伊麗莎白女王的一支荊棘

身為女性不得不於家庭與創作間拉扯

張芳慈笑說：「杜潘芳格個性蠻像媽媽的，很真誠、很真的人，對虛假的事情看不慣。」對愛情的執著也像極了父親。杜潘芳格與其丈夫杜慶壽醫師一開始戀情並不受家人祝福，兩人以書信往來維持聯繫，第一封信交到了潘父手裡，潘錦淮認為杜慶壽醫師家境不好，配不上自家女兒，於是反對他倆的戀情，還不斷介紹新對象給女兒，可當時的杜潘芳格已墜入情網。少女時期的杜潘芳格住在潘家大宅一側廂房，杜醫師就塞信於圍牆邊，待四下無人女方再去取信，在書信往來中苦戀七年，兩人終於在潘父的認可下結婚。

婚後，杜潘芳格在十年內誕下七名子女，鎮日忙著照顧孩子，一邊持家一邊還要協

助丈夫醫院的事務工作，甚至要靠教插花貼補家用，一度影響她持續創作。在〈問〉一詩中，杜潘芳格道盡作為母親、作為醫師娘的辛苦與疲累。

〈問〉

在廚房裡，把一撮鹽巴灑在豆腐上——用我顫抖的手
指，用我朦朧的眼睛。

在門診部
「安靜！」
正在給一個小孩病患治療的老醫師吼叫著。
為了不使鼓膜受傷，必須把小孩的身子，頭部緊緊固定住。
「不要動！動了。會把鼓膜弄受傷啊！」
顫抖的手指緊緊地握住治療器具。

煎好豆腐，加上蔥，滋——一聲倒下醬油
端到確實還活著的人們餐桌上。

到則突然在意料不到的時候來襲
友人們也同樣突如其來地受到死的侵襲。
已經有好幾個了

是真的嗎？
顫抖的嗓音問：有人說死不足懼。

1955年至1975年越戰期間，許多越南人民不願被共產黨統治，紛紛搭船出海，成為海上流亡者；1979年臺美斷交，瞬時不安充斥整個臺灣社會，引發一定規模的移民潮。兩個事件像後座力強大的信號彈，震盪著杜潘芳格的心，使她決定另尋國籍、移民美國。杜潘芳格抵達美國後，鎮日忙於處理移民事務，導致家人離散，婚姻也出現危機，最後在她積極挽救下，兩夫妻重修舊好。

張芳慈提到，1967年九月杜潘芳格與其先生到淡水打高爾夫球，搭乘計程車回程時，發生了一場車禍，杜醫師在這場車禍中受重傷，杜潘芳格悉心照料丈夫，祈求上蒼若讓杜醫師康復，她便全心投入成為神的志工，自此積極至客家地區傳福音，夫妻倆的感情也更加堅貞不移。

我手寫我口，重整母語荒地

杜潘芳格創作初期以日文為主，戰後政權更替，因而陷入語言困境，直至1960年代，才開始以中文寫詩，最初以中文發表的文章是〈春天〉與〈相思樹〉。

〈相思樹〉
相思樹，會開花的樹
雅靜卻華美，開小小的黃花蕾。
相思樹，可愛的花蕾
雖屢次想誘你入我的思惟
但你似乎不知覺
而把影子沉落在池邊，震顫著枝椏
任風吹散你那細小不閃耀的黃花。

排檔四 速率三十

剛離別那浪潮不停的白色燈塔

就接近青色山脈

和繁茂在島上的相思樹林啊。

或許我的子孫也將會被你迷住吧

像今天，我再三再四地看著你。

我也是

誕生在島上的

一棵女人樹。

涼井人文生態園區內滿是原生植物，苗栗社區大學野生植物探索與客家民俗植物講師戴德泉，從杜潘芳格詩作中的植物介紹到，相思樹被日本人譽為「臺灣黑檀」，質地堅實有韌性，可作為坑木、枕木、器具材料、培育香菇的段木，與燒製成木炭，對於早期臺灣經濟發展幫助甚大。戴德泉形容客家人就像相思樹一樣，生命很有韌性，哪怕被野火燒過、砍伐倒下，仍會持續生長，生生不息。

涼井人文生態園區，由苗栗社區大學野生植物探索與客家民俗植物講師戴德泉，從杜潘芳格詩作中出發，向眾人介紹到其中的植物。

「很少有人用女人樹來形容大自然的樹種。……她面對龐大的現實壓力，不管是政

治、語言、家族等，她覺得她自己就是扎根在這，而且她要不斷地壯大。」張芳慈解釋這首詩相較於許多男性詩人的作品，感覺上有一種非常強大的氣魄。這個氣魄展現於詩中，也展現在她對客語及詩壇的付出。

1964年，《臺灣文藝》、《笠詩社》陸續創刊。80年代臺灣本土意識崛起，許多詩人紛紛投入客語詩創作，1988年杜潘芳格也開始積極投入客語文學創作，力行實踐「我手寫我口」的召喚。

張芳慈說杜潘芳格在《臺灣文藝》快辦不下去時，主動出錢出力，後續被推為社長，因為在她的信念中臺灣文學不能斷，後來又擔任由12位女詩人組成的《女鯨詩社》的社長。杜潘芳格曾說：「語言是詩人的武器」，意指語言是建構文化、社會非常重要的基礎，對外表達自己時，必須用自己的語言清楚傳達聲音，這把武器有時也朝向自己的內在。

〈聲音〉
毋知哪時，
單單自家聽得到个細細聲音，
該聲音鎖兜絚—絚—絚。
跈該時開始，
語言尋毋著出路。
這下，唯有等待新个聲音，
一日，又一日，
嚴肅忍耐等待下去。——張芳慈 翻譯

涼井人文生態園區，眾人聽戴德泉介紹詩中植物。

〈道路〉

留下語言

語言係道路

將道路留下來吧

無形跡个道路

開拓佢

用你个語言

將方向同世界

為該兜隨緊到來个

想了解這兜真相个人

用所有个力量向前推進

留下語言个道路吧——張芳慈 翻譯

杜潘芳格加入笠詩社後，長期不受重視，在文壇中沒沒無聞，很多人看不懂她的詩。有一回詩人們有機會到日本與詩人交流，她興奮地帶著自己的詩要和日本詩人交換，卻被文壇有名的前輩嚴正阻止，帶給杜潘芳格很大的打擊。張芳慈說：「在那個年代母語與女性的聲音，在父權結構下都是弱勢的。」

對杜潘芳格而言，因國籍轉變要跨越語言，自身的聲音卻始終被壓抑，被迫要脫掉帶有語言文化的貼身衣物，內心總痛苦萬分。杜潘芳格曾在於日本真理大學的演講中說到：「我用的是青澀的字句，但我實實在在不甘心，只用『咿啞』禮讚我的日語，來表達作為一個臺灣的客家詩人的詩意。」於是她更盡心盡力推動客語文學，在一片殘破中拓荒，期盼「在荒野中也要結出果子」。

就如張芳慈說的：「作為非主流語言，我們不是希望要成為主流語言，而是臺灣本來就是多樣、美好的地方。我們有這麼好的語言環境，要有更多樣化的語言生態，杜潘芳格希望我們可以為語言、文學，走出一條客家文學之路。」

落泥成詩，新埔孕育詩思泉源

杜潘芳格出身新竹新埔潘家望族，婚後移居桃園中壢，新埔仍是其重要的創作舞臺，在此建立對生活的體察。在新埔三街六巷九宗祠間穿梭，詩似葉瓣，於所到之處飄落，又落地生根，讓杜潘芳格筆下的字字句句，隨著經過的足跡，帶回我們的生命中。

新埔枋寮褒忠義民廟

林爽文和戴潮春事件時期，民間籌組義民軍，與入侵者一決死戰。林爽文事件平定後，屍骨遍野，本要將客家人的屍骸葬於湖口莊坪頂口，可牛車行至枋寮時，突然不願再前行，眾人認為是天意，因此最後將屍骸於枋寮歸葬，並於乾隆55年建成義民亭。

潘家洋樓

興建於1935年，過去為新埔鎮長潘錦河的故居，潘錦河同時也是杜潘芳格的叔叔。而如今洋樓已化身為桂花園人文餐館。

涼井人文咖啡

褒忠亭義民廟

新埔鎮宗祠客家文化導覽館

戰鬥巷

潘屋與螃蟹穴洗衫窟

台灣基督長老教會新埔教會

廣和宮

主祀三山國王，是在地信仰中心，與政治活動以及各項演訓之場所。陸軍第12兵團軍事政治幹部學校，又稱怒潮學校，國軍撤臺時期，幾千名學生在新竹關西前庄長吳錦來、新埔鎮長潘錦河等人協助下，以新埔廣和宮為樞紐駐地，而後於此成立胡璉研究委員會。

宮內的壁畫上有許多身材姣好，或穿著泳裝的仙女，生動逗趣，立刻引起眾人圍觀，臺灣生態旅遊協會古蹟課程講師姚其中立刻認出，這些壁畫是出自於廟宇畫師廖鳳琴之手。

新埔潘宅與螃蟹穴洗衫窟

杜潘芳格的故居，深宅大院佔地寬廣，門楣上寫著「友孝傳家」四個大字。整座宅院外形如一隻螃蟹，相傳潘宅風水上位於「螃蟹寶穴」，對街的洗衫窟內的泉湧過去也像螃蟹吐泡泡般，會有小水泡自水底冒出。螃蟹穴洗衫窟過往是婦女洗滌衣物之處，也是交換生活資訊的重要社交空間。

戰鬥巷—中正路281巷

甲午戰爭清國戰敗，臺灣割讓予日本，為抗拒日本接收，建立了臺灣國，並組成義軍，於1895年爆發臺灣史上最慘烈的戰爭。新埔戰鬥巷為中正路與和平街的聯絡巷，彎曲狹窄適合鑽躲。

涼井人文咖啡，由《亮語雜誌》創辦人彭瑜亮，分享教育歷程與理念、二行詩教學。

二行詩創作討論。

新埔鎮宗祠客家文化導覽館園區內的馬賽克磁磚。

在地藝術家呂誠敏在此巷口創作一幅馬賽克拼貼壁畫,講述乙未戰爭時,日軍騎兵自湖口欲攻進新埔街,被臺灣國的義軍發現,在新埔街開的第一槍。此外,呂誠敏也於新埔鎮宗祠客家文化導覽館,創作兩幅大型馬賽克拼貼壁畫,一幅匯集作家吳濁流著作中的意象呈現,另一幅以杜潘芳格〈平安戲〉一詩為主軸。

文學天光升起,逐一照亮母語之路

杜潘芳格的創作啟蒙,源自於一首描寫蓮蕉花的詩作,詩裡以「血」形容花朵紅艷,詩意張力使年幼的她相當震撼,便自此愛上了詩。「蓮蕉、蓮蕉,連連續續招來子孫。」戴德泉說客家女性出嫁時,要從娘家帶蓮蕉花至夫家種下,開花結果後,蒴

果內總共能有50至60顆不等的種子，落地又會持續生長，有多子多孫的意味。

戴德泉老師的戶外民俗植物課告一段落，趁記憶猶新，由《亮語雜誌》創辦人彭瑜亮帶領大家以所見之植物創作「二行詩」，也分享自己一直以來的教育理念及方式，看見孩子們創作的詩句寓意如此深遠，令在場的大人們無不驚喜，也感受到些許壓力。

《上下游副刊》總編輯古碧玲以〈塑膠花〉為詩名寫下：「沒有氣味的愛情／怨懟海枯石爛」。

張芳慈說道：「詩意必須像插花藝術，懂得留白」，透過觀察日常事物、細節，詩意的留白漸漸擴張五感，杜潘芳格的詩也如蓮蕉花籽，落入心土逐一在各自的生命中發芽、茁壯。「天光」是客語天亮的意思，「天光日」是指明天，願每個天光日，母語都在天光的指引下，根扎得更深、更穩。

「參詳・當代客家文藝沙龍」
參與人員名錄

計畫主持：封德屏
總 策 展：鍾永豐

歷史
召集人：張維安
與談人：王保鍵　吳學明　李文良　李沅臻　林正慧　張秀雲　張翰璧　許維德
　　　　陳鎹枚　森下啟慈　黃玉晴　黃脩閔　劉瑞超　戴寶村　羅烈師

語言
召集人：洪馨蘭
與談人：古秀妃　向盛言　吳錦勳　宋廷棟　李舒蓉　周碩興　張正揚　黃泳玲
　　　　黃脩閔　廖重凱　劉家宏　劉慧真　蔣絜安　盧冠霖　賴奕守　鍾鎮城

文學
召集人：朱宥勳
與談人：王欣瑜　王惠珍　甘耀明　白佳琳　李奕樵　張簡敏希　陳凱琳　廖育辰
　　　　劉抒苑　蔡濟民　鄭清鴻　簡弘毅　顏訥

音樂
召集人：葉雲平
與談人：Yappy　王喬尹　王鍾惟　米 莎　邱丹霓　柔 米　陳瑋儒　彭柏邑
　　　　黃子軒　黃稚嘉　葉 穎　賴予喬　戴 陽　蘇通達

戲劇
召集人：鍾 喬
與談人：吳文翠　吳榮順　李哲宇　李榮豐　汪俊彥　林乃文　林舜龍　林曉英
　　　　徐亞湘　符宏征　許仁豪　彭雅玲　劉逸姿　羅元鴻

影劇
召集人：湯昇榮
與談人：王傳宗　吳宗叡　李 杏　李 鼎　林宏杰　徐彥萍　張晉榮　許安植
　　　　溫昇豪　童毅軍　黃桂慧　溫吉興　鄒隆娜

美學
召集人：張典婉
與談人：古正君　吳漢中　阮慶岳　姚其中　徐彩雲　徐景亭　翁美珍　張秀雲
　　　　郭南駿　陳美禎　陳勤忠　陳達明　彭弘智　彭永翔　溫金紅　廖偉立
　　　　鄧淑慧　謝英俊　謝淑靖　鍾仁嫻　羅文祥　羅仕龍

飲食
召集人：古碧玲
與談人：王虹雅　吳　鳴　佐　京　李慧宜　邱聿涵　夏惠汶　郭忠豪　張維翰
　　　　陳淑華　曾齡儀　黃森松　黃湘絨　黃鑫沛　楊昭景　葉國居　劉懿梅
　　　　鍾怡彥　蘇量義

客庄創生（新竹）
召集人：邱星崴
與談人：吳　界　林　辰　邱盈滋　邱靜慧　陳建成　陳祺忠　黃文詣　楊有騰
　　　　葉日嘉　葉明政　廖文琪　劉　奕　蔡濟民　鄧君婷　羅　傑

客庄創生（高雄）
召集人：邱靜慧
與談人：王宏滕　吳宗憲　吳雲天　李佳穎　李慧宜　林瑞晉　邱星崴　邱適珩
　　　　徐孝晴　徐銘謙　涂裕苓　張卉君　陳俊名　曾鼎凱　黃仕傑　黃淑玫
　　　　黃瑋傑　黃鴻松　楊易玲　劉逸姿　鍾兆生　羅功奇

思辯場
召集人：吳德亮
與談人：古亦平　吳孟純　翁國珍　彭信鈞　黃正敏

召集人：張芳慈
與談人：瓦歷斯・諾　幹　向　陽　洪淑苓　楊佳嫻　顏艾琳
　　　　梁秀眉　陳玠安　廖偉棠　蔡宏賢　鄭硯允

召集人：高翊峰
與談人：王聰威　甘耀明　朱和之　吳懷晨　謝旺霖

召集人：羅思容
與談人：邱豐榮　徐堰鈴　郭玫芬　劉慧真　鴻　鴻

召集人：鍾秀梅
與談人：米　莎　張卉君　張郅忻　劉崇鳳　鍾舜文

國家圖書館出版品預行編目（CIP）資料

參詳：話語誕生的前線場域／游文宓, 張平, 廖彥筑,
陳佳謙執行編輯. -- 初版. -- 新北市：客家委員會,
2022.12

　面；　公分

ISBN 978-626-7242-03-2(平裝)

1.CST: 客家 2.CST: 文化 3.CST: 客家文學 4.CST: 文集

536.21107　　　　　　　　　　　　111018631

「參詳・當代客家文藝沙龍」出版書籍

參詳：話語誕生的前線場域

發 行 人／　楊長鎮
出版單位／　客家委員會
　　　　　　地址／新北市新莊區中平路439號北棟18樓
　　　　　　電話／02-89956988
　　　　　　網址／https://www.hakka.gov.tw
總 督 導／　鍾孔炤
行政策劃／　廖美玲　黃綠琬　劉慧萍　周彥瑜　吳侃庭　葉映孜　劉子瑄
執行團隊／　財團法人台灣文學發展基金會
總 策 劃／　封德屏
總 策 展／　鍾永豐
顧　　　問／　古碧玲　甘耀明　吳德亮　高翊峰　張芳慈　鍾　喬　鍾適芳　羅思容
執行編輯／　游文宓　張　平　廖彥筑　陳佳謙
校　　　對／　封德屏　杜秀卿　游文宓　張　平　廖彥筑　陳佳謙

編印發行／　文訊雜誌社
　　　　　　地址／臺北市中正區中山南路11號B2
　　　　　　電話／02-23433142
　　　　　　發行業務／高玉龍
　　　　　　電子信箱／wenhsunmag@gmail.com
　　　　　　郵政劃撥／12106756文訊雜誌社

美術設計／　蔡南昇
印　　　刷／　松霖彩色印刷事業有限公司

出版日期／　2022年12月
版　　　次／　初版一刷
定　　　價／　新台幣360元
ISBN 978-626-7242-03-2
GPN 1011101990